Das Buch
Plötzlich sind alle Klimaretter – oder? Toralf Staud, Gründer des Internetblogs www.klima-luegendetektor.de, spießt kurzweilig und ironisch Dutzende Fälle von Grünfärberei auf – und stellt Unternehmen und Lobbyisten ebenso bloß wie Politiker. Schadenfreude ist garantiert!

Ökostrom von E.on, umweltfreundlich fliegen mit Lufthansa, Porsche fahren und das Klima schützen – neuerdings versprechen Firmen das Blaue vom Himmel. Mindestens so wichtig wie das Produkt ist dabei das Image des Unternehmens. Wörter wie »verantwortungsbewusst« oder »nachhaltig« gehören heute unbedingt in die Werbung und in einen Geschäftsbericht.
Was aber steckt wirklich dahinter? Sind die Produkte ökologisch sinnvoll? Oder handelt es sich um *greenwashing*, wie das Phänomen im Englischen genannt wird? Wo also wird mit geschickter PR der jeweiligen Firma bloß ein grünes Mäntelchen verpasst? Werbeabteilungen und Lobbyisten werden dabei immer geschickter: Kaum jemand wagt es noch, den Klimawandel rundheraus zu leugnen. Kaum jemand traut sich noch, die Notwendigkeit von Klimaschutz anzuzweifeln. Kaum jemand veröffentlicht wirklich falsche Zahlen über die eigene Klimabilanz. Stattdessen werden Informationen verdreht, weggelassen, in irreführende Zusammenhänge gestellt. Man schmückt sich mit Stars, schreibt Preise mit wohlklingenden Namen aus, stellt eigene Aktivitäten groß heraus, seien sie auch noch so klein.
All das funktioniert nur, solange niemand nachfragt. Ein genauer Blick und detaillierte Recherche dagegen lassen die mit großem finanziellem und rhetorischem Aufwand produzierten Luftblasen schnell platzen.

Der Autor
Toralf Staud, Jahrgang 1972, studierte Journalistik und Philosophie. Von 1998 bis 2005 arbeitete er als Politikredakteur und Hauptstadtkorrespondent der »ZEIT«. Heute ist er freier Journalist und schreibt u.a. für das greenpeace magazin. 2005 erschien sein Buch »Moderne Nazis. Die neuen Rechten und der Aufstieg der NPD« (KiWi 909), 2007 veröffentlichte er (zusammen mit Nick Reimer) »Wir Klimaretter – So ist die Wende noch zu schaffen« (KiWi 998).

LUFTFAHRT | MEDIEN | ÖLINDUSTRIE | POLITIK

AUTOS | ENERGIE | FORSCHUNG | KONSUM

Toralf Staud

Grün, grün, grün ist alles, was wir kaufen

Lügen, bis das Image stimmt

Kiepenheuer & Witsch

| LUFTFAHRT | MEDIEN | ÖLINDUSTRIE | POLITIK |

1. Auflage 2009

© 2009 by Verlag Kiepenheuer & Witsch, Köln
Alle Rechte vorbehalten. Kein Teil des Werkes darf in irgendeiner
Form (durch Fotografie, Mikrofilm oder ein anderes Verfahren)
ohne schriftliche Genehmigung des Verlages reproduziert oder
unter Verwendung elektronischer Systeme verarbeitet, vervielfältigt
oder verbreitet werden.
Umschlaggestaltung: Barbara Thoben, Köln
Umschlagmotiv: © Fotolia/Zoran Vukmanov Simokov
Gesetzt aus der Stempel Garamond und der Helvetica
Satz: Buch-Werkstatt GmbH, Bad Aibling
Druck und Bindung: CPI – Clausen & Bosse, Leck
ISBN 978-3-462-04106-4

Inhalt

Verleugnen, verzögern, vernebeln
Wie Grünfärberei funktioniert – und warum sie ein
  Problem ist 10

Airbus: 275 Tonnen heiße Luft 27

Audi: Vorsprung durch Werbung 31

Audi: Al Gore als Feigenblatt für den neuen A6 34

AVIA: Pack das Klima in den Tank 38

Bayerischer Rundfunk: Lautsprecher der
  Stromlobby 42

BDEW: Hurra, neue Kraftwerke! 47

Bentley: Hochstapelei mit Biosprit 50

Bild & RWE: Angstmachen vor der »Stromlücke« 54

Bild & RWI: Windige Zahlen für die Atomkraft 59

BKW: Hocheffizient übertreiben 62

BMW: Klimakiller for Peace 65

BP: Nur Peanuts für alternative Energien 69

BP: Jatropha soll das Klima retten 73

BP: Grünes Getöse in der Schule 77

Braunkohleverband: www.braunkohle-halbwissen.de 81

Braunkohleverband: Das Märchen von
  der sauberen Kohle 86

| LUFTFAHRT | MEDIEN | ÖLINDUSTRIE | POLITIK |

Braunkohleverband: Ein »missbrauchter« Kronzeuge 88

Schon wieder Braunkohleverband: Dreckige Jobs hochgerechnet 94

CDU/CSU: Zahlentricks für die Autolobby 98

Daimler: Smarte Kohlendioxid-Grafik 103

Daimler & RWE: Elektro-Autos mit Drecksstrom 107

Deutsche Energieagentur: E.on und RWE zu Diensten 111

Deutsches Atomforum: Die Legende von der Renaissance 119

Deutsches Atomforum: Preisgekrönte Propaganda 123

EnBW: Zahlenspiele mit Atom- und Wasserkraft 129

E.on: Schummeln mit Staudinger 133

E.on WasserKraft: Alter Strom in neuen Schläuchen 137

Ford: Die tun was – für den Klimawandel 140

Sigmar Gabriel (SPD): Alle Autos »besonders sauber« 144

Getränkedosen: Brunftgeschrei und CO_2 148

Michael Glos (CSU): Was scheren mich meine Experten? 153

Erwin Huber (CSU): Lügen für die Atomkraft 157

Volker Kauder (CDU): Das Klima abwracken 161

Lexus: Grün vor Scham 165

Lidl: Sonnige Übertreibung 168

Lufthansa: There's no better way to lie 171

Porsche: Angst vor »putzigen Kleinwagen« 177

Porsche: Panzer fürs Arztköfferchen 181

RWE: VeRWEgen schwindeln 183

RWE: Kleinholz in Großannoncen 186

RWE & Angela Merkel: Heucheln in Hamm   189

RWE: Vorankriechen im Schildkrötentempo   192

RWE: »Aggressiver am Markt«   195

Shell: Kreativ vertuschen   199

Sony: Stromsparen ist halt relativ   205

Spiegel Online: Don Quijote gegen Windräder   209

Stadtwerke Uelzen: Auf der Palme   215

Steinkohleverband: Kompetenz in Sachen Manipulation   218

Süddeutsche Zeitung: Hereingefallen auf Äpfel und Birnen   224

TelDaFax: Sehr gute Geschäfte mit »Ökostrom«   227

Tetra Pak: Ein Kreislauf mit Ecken und Kanten   231

TUIfly: Fliegen ist prima fürs Klima   236

Vattenfall: Die Windmacher   241

Vattenfall: Der Mythos »CO_2-frei«   244

Vattenfall: Alibi-Unterschriften fürs Klima   249

Verband der Automobilindustrie: Das sind nicht »unsere Autos«!   254

Volkswagen: Grüne Werbung, graue Realität   259

Wibo-Werk Hamburg: Strom kommt aus der Steckdose, oder?   261

X-Leasing: Grünes Gewissen zum Schnäppchenpreis   264

Dank   268
Zum Weiterlesen   269
Register   270

| LUFTFAHRT | MEDIEN | ÖLINDUSTRIE | POLITIK |

Verleugnen, verzögern, vernebeln

Wie Grünfärberei funktioniert – und warum sie ein Problem ist

Unternehmen wollen Geld verdienen. Unternehmen sind nicht dazu da, den Hunger auf der Welt zu stillen, Krankheiten zu besiegen oder den Klimawandel zu stoppen. Sie versuchen, Produkte zu möglichst niedrigen Kosten herzustellen und zu möglichst hohen Preisen zu verkaufen.

All das ist banal. Man braucht auch nicht drüber zu klagen – man sollte es nur nicht aus dem Blick verlieren.

»Als Unternehmen sind wir im Kern dem wirtschaftlichen Erfolg verpflichtet«, schrieb der Energieriese RWE im Vorwort seines Nachhaltigkeitsberichtes 2005, und für diese Ehrlichkeit sollte man dem Unternehmen eigentlich danken. Erst an zweiter und dritter Stelle folgten ökologische und gesellschaftliche Verantwortung. Doch weil Unternehmen, wieder in den Worten von RWE, mit »bislang ungewohnten öffentlichen Erwartungen und Ansprüchen« konfrontiert sind, weil »die Öffentlichkeit ... kritischer, aufmerksamer, sensibler geworden« ist, müssen sie halt reagieren.

Seit ca. zwanzig Jahren ist Umweltschutz in den Augen von Konsumenten wichtig – und zwar nicht

| AUTOS | ENERGIE | FORSCHUNG | KONSUM |

nur bei irgendwelchen Randgruppen, sondern bei so vielen potenziellen Kunden, dass selbst große Unternehmen spürbare Umsatzeinbrüche zu fürchten haben, wenn sie nicht darauf eingehen. Spätestens seit der Boykottkampagne von Greenpeace gegen den Ölmulti Shell, der 1995 seine Ölplattform Brent Spar in der Nordsee hatte versenken wollen, ist das auch dem letzten Manager klar. Der Weltkonzern musste damals dem öffentlichen Druck nachgeben – obwohl der direkte Umweltschaden durch die ursprünglich geplante Entsorgungsart vermutlich wirklich, wie Shell stets beteuert hatte, relativ klein gewesen wäre. Hinterher versuchte der Konzern dann, mit einer großen Kampagne unter dem Motto »Wir werden uns ändern« das Image zu reparieren.

Schon 1928 schrieb Edward Bernays, ein Neffe von Sigmund Freud und der Vater der modernen Public Relations (PR), in seinem Klassiker »Propaganda«: »Angesichts eines gesteigerten gesellschaftlichen Bewusstseins mussten die großen Konzerne sich von der Einstellung verabschieden, dass ihre Geschäfte niemanden etwas angingen.« Ökologie war damals natürlich noch kein Thema, geradezu rührend wirkt Bernays Beispiel aus den zwanziger Jahren: »Eine Ölgesellschaft, die um

> »Moderne Propaganda«, definiert Bernays, »ist das stetige, konsequente Bemühen, Ereignisse zu formen oder zu schaffen mit dem Zweck, die Haltung der Öffentlichkeit zu einem Unternehmen, einer Idee oder einer Gruppe zu beeinflussen. ... Praktisch kein wichtiges Vorhaben wird heute mehr ohne diese Technik ausgeführt, ob man eine Kathedrale bauen, einer Universität Geld stiften, einen Film vermarkten, eine Anleihe ausgeben oder zum Präsidenten gewählt werden will.« – In vielem ist das Buch, das 2007 bei Orange Press erstmals auf Deutsch erschien, verblüffend aktuell.

| LUFTFAHRT | MEDIEN | ÖLINDUSTRIE | POLITIK |

ihre vielfältigen Beziehungen zur Öffentlichkeit weiß, wird nicht nur gutes Öl anbieten, sondern auch einen vernünftigen Umgang mit ihren Mitarbeitern.«

Heute sind umweltbewusste Zielgruppen so wichtig geworden, dass Marketingexperten ihnen eigene Namen geben: »Lohas« zum Beispiel – das steht für »Lifestyle of Health and Sustainability«, also einen gesunden und »nachhaltigen« Lebensstil. In Deutschland werden etwa 15 Prozent der Konsumenten dazu gezählt – und sie sind nur eine der ökologisch ansprechbaren Kundengruppen. »Lohas« verdienen überdurchschnittlich viel Geld und geben es überdurchschnittlich gern aus. »Grünkern und Gucci« hat der *Spiegel* vor ein paar Jahren eine Reportage über die »Lohas« betitelt. Sie kaufen teure Ökokosmetik (ohne Tierversuche entwickelt, aber oft aufwendig verpackt) und essen Biofleisch (dabei sollte man glückliche Kühe doch eigentlich erst recht nicht schlachten, oder?). Sie machen Outdoorurlaub (zu dem sie gern mit dem Flieger anreisen) und kaufen Hybridautos (obwohl ein Kleinwagen mit sparsamem Dieselmotor ökologisch sinnvoller wäre). Ein Teil dieser »Lohas« wäre sicherlich zu weiter gehenden Änderungen des Lebensstils bereit, würde vielleicht mitmachen bei politischen Kampagnen gegen Kohlekraftwerke oder für strenge Klimagesetze. Aber natürlich werden weder RWE noch die »Klima-Queen« Angela Merkel sie je in bunten Anzeigen oder wohlgesetzten Reden dazu aufrufen. Und eine wirklich unbequeme Wahrheit ist, dass viele Hartz-IV-Emp-

> Ja, liebe Lohas, auch für Sie ist dieses Buch geschrieben!

fänger eine bessere Klimabilanz haben als Ökomuttis, die im Hybridgeländewagen zum Biomarkt fahren und mitten im Winter fair gehandelte Erdbeeren aus Ägypten kaufen. »Strategischer Konsum« (zu dem die Internet-Community utopia.de seine User aufruft) kann auch sein, nichts zu konsumieren. Für das Klima ist deshalb oft die Werbeanzeige am besten, die gar nicht erst erscheint. Aber Unternehmen wollen verkaufen.

Für sie ist es mittlerweile nicht nur notwendig, das Thema Ökologie im Blick zu haben – es kann sogar sehr lukrativ sein. Das Problem: Viele Produkte und Produktionsprozesse sind einfach nicht grün. Und werden es niemals sein. Viele Unternehmen müssten sich so radikal umstellen, dass es über die Vorstellungskraft ihrer Manager geht – und den Renditeerwartungen der Aktionäre zuwiderläuft. (Und manche müssten, wollten sie der Umwelt wirklich etwas Gutes tun, sich selbst abwickeln.) Klaus Wiegandt, Ex-Vorstandschef beim Handelsriesen Metro, gründete nach seinem Ausstieg vor zehn Jahren die Stiftung »Forum für Verantwortung«. Heute wirbt er mit Büchern und auf Podien für ein nachhaltiges Wirtschaften, und im Rückblick gesteht er ernüchternd: »Im Maximum hätte ich damals 30 Prozent dessen tun können, was ich heute für richtig halte und was notwendig wäre. Und davon sind etwa 70 Prozent Soziales – im ökologischen Bereich ist unter den aktuellen Rahmenbedingungen wenig möglich.« Und: »Einen Konzern auf ökologischen Kurs zu bringen, ohne dass sich die Rahmenbedingungen ändern, das geht nicht.« Ein Manager würde damit den Bestand des Unternehmens gefährden – und könnte vermutlich sogar von seinen Aktionären wegen Untreue verklagt werden, weil er nicht den Gewinn maximiert. »Da können Sie nur die persönliche Konsequenz ziehen und sagen: Ich mach das nicht mehr mit«, so Wiegandt. »Aber dann kommt ein anderer und macht's an meiner Stelle.«

Kein Wunder eigentlich, dass viele Unternehmen und Manager lieber auf *greenwash* setzen. Der Begriff fand 1999 Eingang ins »Concise Oxford Dictionary« und wird dort definiert als »Desinformation, die von einer Organisation verbreitet wird, um der Öffentlichkeit ein umweltbewusstes Image zu präsentieren«. Schon 1992 zum Umweltgipfel in Rio ist »The Greenpeace Book on Greenwash« erschienen, das am Beispiel von Unternehmen wie Shell, Sandoz oder General Motors Marketing und wirkliches Handeln vergleicht. »Entgegen all ihrer Rhetorik«, schreiben die Autoren Kenny Bruno und Jed Greer in einer erweiterten Neuauflage vier Jahre später, »haben die Konzerne ihr Umweltverhalten nicht substanziell verändert«. Transnationale Unternehmen seien nach wie vor »die wichtigsten Verursacher und Verbreiter von dreckigen, gefährlichen oder nicht nachhaltigen Technologien« auf der Welt. Aber dank ihrer grüngewaschenen Weste gelinge es ihnen, sowohl auf nationaler wie internationaler Ebene wirksame Umweltvorschriften zu verhindern. Eine Strategie, wie sie auch die deutsche Automobilindustrie perfekt beherrscht: Sie stellt sich selbst (entgegen der Realität, aber im Einklang mit dem Selbstbild der meisten Deutschen) als Vorreiter hin beim Klimaschutz – um den Eindruck zu vermitteln, strengere Grenzwerte für den Spritverbrauch von Neuwagen seien unnötig. Dank dieser PR-Schimäre fiel es Angela Merkel und anderen deutschen Politikern dann Ende 2008 leichter, entsprechende Pläne der EU-Kommission in Brüssel zu vereiteln.

Oder die Energiewirtschaft. Über Jahrzehnte hat sie gezielt Zweifel gesät an den wissenschaftlichen Erkenntnissen zum Klimawandel. In den USA förderte beispielsweise Exxon mit Hunderttausenden von Dollar klimaskeptische Publikationen, hierzulande finanzierte die deutsche Braunkohlelobby noch 2003 eine Beilage zum Fachmagazin *journalist*. Doch das sind fast schon die Instrumente von gestern. In der »3-D-Strategie« der Grünfärberei, wie sie im Buch »Battling Big Business« von Caroline Lubbers beschrieben ist, sind die meisten Firmen schon mindestens einen Schritt weiter: Auf das Leugnen, dass es überhaupt ein Problem gibt (*deny*), folgt der Versuch, wirksame Gegenmaßnahmen zum Beispiel gegen die Erderwärmung zu verzögern (*delay*), und dabei ist es hilfreich, die öffentliche Debatte oder auch internationale Verhandlungen zu beherrschen (*dominate*).

Hinzugekommen ist inzwischen ein viertes »D«, *dialogue:* Man tue so, als wolle man mit Kritikern oder der breiten Öffentlichkeit »in einen Dialog treten« – natürlich ohne zu echten Änderungen des eigenen Handelns bereit zu sein. Der Kohlekonzern Vattenfall zum Beispiel oder die deutschen Akw-Betreiber tun gerade mit aufwendigen Internetplattformen so, als ob sie ihre Geschäfte zur Diskussion stellten.

| LUFTFAHRT | MEDIEN | ÖLINDUSTRIE | POLITIK |

Seit ein, zwei Jahren ist »Grünfärberei« – so die wohl treffendste deutsche Übersetzung von *greenwash* – auch in Deutschland endgültig angekommen. Seit im Frühjahr 2007 die Berichte des Weltklimarates IPCC die hiesige Öffentlichkeit aufrüttelten, vergeht praktisch keine Woche, in der sich nicht irgendein Großunternehmen als umweltfreundlich und klimabewusst präsentiert. Da werden riesige Annoncen in überregionalen Zeitungen geschaltet, »Live-Earth«-Konzerte gesponsert, winzige Modellprojekte bei erneuerbaren Energien zu wahren Meilensteinen stilisiert. Der größte Betreiber von klimakillenden Braunkohlekraftwerken veranstaltet eine »Klima-Akademie« an Brandenburger Schulen (Vattenfall). Ein Konkurrent verkauft Elektrizität, die spottbillig in alten und ziemlich riskanten Atomkraftwerken erzeugt wird, nun als »PrimaKlimaStrom« – zu Preisen, die sogar noch über denen unabhängiger Öko-Anbieter liegen (RWE). Ausgerechnet ein Autohersteller, dessen verkaufte Neuwagen in den vergangenen Jahren noch klimaschädlicher geworden sind, chauffiert Al Gore in einer seiner Limousinen durch die Gegend (Audi).

Blau ist das neue Grün

Sicherlich geht das auch 2009 so weiter, denn im Dezember wird in Kopenhagen die UN-Konferenz zur Nachfolge des auslaufenden Kyoto-Protokolls stattfinden. Mark Grundy vom PR-Riesen Edelman legt diesen Termin seinen Kunden (zu denen übrigens auch E.on gehört) wärmstens ans Herz: »Das ist die weltgrößte Gelegenheit fürs Klimamarketing in den nächsten vier Jahren. Mindestens.«

So groß ist die Flut grüner Werbung inzwischen, dass die internationale Fotoagentur Getty Images kürzlich bereits davor warnte, diese Farbe zu benutzen. »Es ist extrem langweilig. Alles sieht gleich aus und sagt das Gleiche«, so Rebecca Swift, die bei Getty den klangvollen Titel »Global Creative Planning Director« trägt. »Mit Bildern von den Polkappen oder mit Eisbären wird man künftig keine Resonanz mehr erzielen können.« Als neue Trendfarbe gilt Blau (Assoziation: »Wasser«, »der Blaue Planet«). VW vermarktet die Spritspar-Varianten seiner Autos schon unter dem Namen »BlueMotion«, bei Daimler gibt es neuerdings »TrueBlue Solutions«, von BMW stammt die Wortschöpfung »BluePerformance«. Und bei RWE ist die Grundfarbe der neuen Imagekampagne (Motto: »voRWEg gehen«) ein freundliches Hellblau.

Carbon messaging und Ökomarketing sind längst ein Multimillionen-Geschäft, viele Kommunikations-Agenturen haben sich für diesen Bereich Spezialabteilungen zugelegt. Zu den Branchenführern gehören die US-Unternehmen Burson-Marsteller und Hill & Knowlton. »Image is perception«, beschreibt Burson-Marsteller auf seiner Homepage das Firmenmotto: »Wahrheit ist, was der Mensch wahrnimmt. ... Mit Ihnen gemeinsam nehmen wir deshalb gezielt Einfluss darauf, wie Ihr Unternehmen und Ihre Produkte von der Umgebung wahrgenommen werden ... Ein Image hat jeder – lassen Sie es nicht von anderen bestimmen.« So halfen die PR-Profis beispielsweise in den neunziger Jahren der

| LUFTFAHRT | MEDIEN | ÖLINDUSTRIE | POLITIK |

US-Industrie bei Kampagnen gegen Umweltgesetze der Regierung Clinton. In Brüssel war Burson-Marsteller unter anderem im Auftrag von Chemieunternehmen gegen EU-Umweltauflagen aktiv. Die Spezialisten von Hill & Knowlton gingen vor ein paar Jahren Vattenfall in Deutschland dabei zur Hand, teure Auflagen beim CO_2-Emissionshandel abzuwenden – und wurden für diese »kurzfristige Einflussnahme auf ein Gesetzgebungsverfahren« auch noch von der Zeitschrift *PR Report* mit einem Preis ausgezeichnet. Die Journalisten John Stauber und Sheldon Rampton schätzen, dass allein US-Unternehmen jährlich eine Milliarde Dollar für offene oder verdeckte Anti-Umwelt-PR ausgeben. In ihrem Buch »Giftmüll macht schlank« schildern die beiden, wie einerseits freundliche Image-Annoncen geschaltet – und andererseits Kritiker ausspioniert, verklagt, verleumdet oder aufgekauft werden, wie Einfluss genommen wird auf wissenschaftliche Diskurse, wie Lobbyisten zum Schein Bürgerinitiativen gründen. Sie beschreiben, wie PR-Profis die Aktivisten von Umweltgruppen oder lokalen Bürgerinitiativen in verschiedene Kategorien einteilen, um sie dann nach dem Motto »teile und herrsche« gegeneinander auszuspielen.

»Eine gebildete und kritische Öffentlichkeit« wünschen sich Stauber und Rampton, »die Informationen skeptisch aufnimmt, Autoritäten hinterfragt und sich eine eigene Meinung bildet«. Um Grünfärberei zu ent-

> Genau, ebenjener schwedische Energiekonzern, dessen Vorstandschef Lars Göran Josefsson seit Dezember 2006 offizieller Klimaberater von Angela Merkel ist und neuerdings selbst »Klimaunterschriften« sammelt – siehe S. 249.

larven, genügt es häufig schon, ein paar gezielte Nachfragen zu stellen, einige verschwiegene Informationen zu ergänzen, ausgeblendete Zusammenhänge zu erwähnen – und über manche PR-Tricks sollte man auch einfach nur lachen. Der Blog www.klima-luegendetektor.de, getragen vom Internetportal Wir-Klimaretter.de und dem *greenpeace magazin*, versucht all dies seit Anfang 2008. Ein Teil der dort veröffentlichten Texte floss in dieses Buch ein, und auch künftig werden dort Woche für Woche neue Fälle aufgegriffen.

»Schaut, mit welch wundervollen Eimern wir das Feuer löschen!«

Natürlich, es gibt Firmeninhaber und Manager, die sich wirklich um die Umwelt sorgen (aber um sie geht es nicht in diesem Buch). Es gibt Firmen, die ihren Ausstoß an Treibhausgasen zu senken versuchen und ihre Produktion umstellen. Es gibt sogar Unternehmen, die von überzeugten Umweltschützern gegründet wurden, um ökologisch vertretbarere Produkte herzustellen. Doch auch sie alle müssen letztlich drauf achten, dass die Gewinne stimmen. Und gerade jenen, die das Thema ernst nehmen, rät der britische Marketingexperte John Grant, ihr Geld *nicht* in grüne Werbung zu stecken, sondern in die Produkte. »Stell dir vor, du stehst vor einem brennenden Haus«, erklärte er in einem Interview mit dem Magazin *Ecologist*. »Würdest du Wasser heranschleppen und, so gut es geht, beim Löschen helfen? Oder würdest du davorstehen und rufen: ›Schaut,

| LUFTFAHRT | MEDIEN | ÖLINDUSTRIE | POLITIK |

was wir mit dem Eimer hier machen, und seht seinen wundervollen Holzgriff!‹«

Für Ökomarketing gibt es seit etwa zehn Jahren einen allgemeinen Standard. Die internationale Normungsagentur ISO erließ 1999 die Richtlinie 14021, weil – um in Grants Bild zu bleiben – die Zahl der Marktschreier mit Löscheimern zu groß und ihre Selbstpreisungen zu anstößig geworden waren. Werbeaussagen mit Umweltbezug, heißt es dort, sollten »akkurat, überprüfbar und nicht irreführend« sein. Für eine Reihe von Adjektiven wie »kompostierbar«, »energieeffizient« oder »wassersparend« wurden Kriterien definiert. Unter Berufung auf diese ISO-Norm hat die Internationale Handelskammer ICC Empfehlungen herausgegeben – aber weder das eine noch das andere Dokument ist bindend für Unternehmen oder Werbeagenturen.

»Marketingkommunikation muss so konzipiert sein, dass sie das Verbraucherinteresse an der Umwelt oder mögliche Wissenslücken der Verbraucher in Bezug auf die Umwelt nicht ausnutzt«, heißt es in dem ICC-Papier. Doch viele der darin genannten Ratschläge werden in der Realität laufend missachtet. Über weite Strecken lässt sich das Dokument lesen wie eine treffende Beschreibung üblicher Grünfärber-Tricks: Aussagen über einzelne vorteilhafte Produkte, rät die ICC etwa, sollen nicht implizit auf das ganze Unternehmen übertragen werden. Werbesprüche sollten für das beworbene Produkt auch wirklich relevant sein. Es sei klarzumachen, ob sich eine Aussage auf das ganze Produkt oder bloß auf Teile oder gar nur auf seine Verpackung bezieht. Eine bereits lange existierende Eigenschaft dürfe nicht plötzlich als neu präsentiert werden – das übliche Gegenbeispiel hierfür sind »phosphatfreie Waschmittel«, die vorher niemals Phosphate enthalten hatten.

»Vage oder unspezifische ... Aussagen, die für Verbraucher verschiedene Bedeutungen haben können, dürfen nur getätigt werden, wenn sie, ohne Einschränkung, bei jeder vernünftigerweise vorhersehbaren Sachlage gelten«, lautet eine weitere hehre Forderung. »Ist dies nicht der Fall, müssen allgemeine umweltbezogene Aussagen entweder qualifiziert oder vermieden werden. Insbesondere dürfen Aussagen wie ›umweltfreundlich‹ oder ›ökologisch sicher‹, die implizieren, dass ein Produkt oder eine Aktivität keinen Einfluss – oder lediglich einen positiven Einfluss – auf die Umwelt hat, nur dann gemacht werden, wenn sie hohen Beweisanforderungen genügen.«

Grünfärberei, das klingt hier bereits an, arbeitet nur selten mit offensichtlichen Lügen. Meist werden Informationen »nur« verdreht oder weggelassen oder in irreführende Zusammenhänge gestellt. In den meisten EU-Staaten sind die genannten Ratschläge in »Ethikkodizes« von Werbeverbänden eingeflossen. Und in einigen Staaten werden Verstöße sogar geahndet – nicht als strafbewehrte Gesetzesverstöße natürlich, wohl aber mit öffentlichen Rügen von branchengetragenen oder halboffiziellen Schiedsstellen (bei denen einzelne Verbraucher oder auch Umweltverbände Beschwerden einreichen können). So sind in Großbritannien in den vergangenen Jahren mehrfach Fluggesellschaften und Autofirmen getadelt worden. EasyJet beispielsweise hatte in seiner Werbung davon gesprochen, wegen einer besonders modernen Flugzeugflotte niedrigere Schadstoff-Emissionen zu verursachen – die Kohlendioxid-Emissionen pro Passagier sind bei dem Billigflieger tatsächlich etwas niedriger als bei Konkurrenten, was aber schlicht an den engeren Sitzreihen liegt und der damit verbundenen höheren Passagierzahl pro Flug. Die Toyota-Tochter Lexus fiel mit ihrer Werbung für den Hybridgeländewagen RX 400h auf die Nase: »High Performance, Low Emissions, Zero Guilt«, hatte eine Annonce geprahlt – angesichts eines CO_2-Ausstoßes von 192 Gramm pro Kilometer aber war »niedrige Emissionen, keine Schuld« schlicht gelogen. In Irland wurde Saab von der dortigen Werbekammer für die Aussage gerügt, ein mit Agro-Ethanol betankbares Fahrzeug gebe »der Natur etwas zurück«. Der Claim »Saab 9-3 BioPower. Gefahren von der Natur« war angesichts der oft schlechten Klimabilanz alternativer Kraftstoffe nicht gerechtfertigt. In Schweden ist es grundsätzlich nicht erlaubt, Autos als »umweltfreundlich« zu bewerben – weil dieser Terminus nur zutreffe, sofern »ein Produkt die Umwelt verbessere oder sie zumindest überhaupt nicht belaste«. In Frankreich dürfen Autos in der Werbung neuerdings nur noch auf Straßen gezeigt werden und nicht mehr in der offenen Natur.

Und hierzulande? Beim Deutschen Werberat, dem Selbstkontrollgremium der Branche, halten sich diesbezügliche Beschwerden – wie es dort heißt – »bisher in Grenzen«. Auch beim Bundesverband der Verbraucherzentralen (vzbv) gehen Hinweise auf alles Mögliche ein, auf irreführende Preisangaben von

| AUTOS | ENERGIE | FORSCHUNG | KONSUM |

Elektronikmärkten oder zweifelhafte Lockpreis-Angebote von Fluggesellschaften. Aber über Grünfärberei, so der vzbv, machten sich deutsche Verbraucher wohl einfach noch keine Gedanken. Die Zentrale zur Bekämpfung des unlauteren Wettbewerbs in Frankfurt/Main konstatiert in ihrem Jahresbericht 2007 zwar, dass die »Werbung mit Umweltargumenten« deutlich zugenommen habe, zum Beispiel in der Energiewirtschaft. Und »gerade weil Energiekonsumenten, bedingt durch die öffentliche Debatte, hochgradig sensibilisiert sind und die Neigung zu einem klimapolitisch verantwortungsvollen Handeln erfreulicherweise zunimmt, ist die Marktrelevanz solcher Werbeaktionen in diesem Bereich ganz erheblich«. Doch wird der Verein meist nur bei klaren Verstößen gegen explizite Vorschriften aktiv. Wenn beispielsweise ein Autohaus es versäumt, in Werbeannoncen den Kohlendioxidausstoß eines Fahrzeugs zu vermerken (wie es seit 2004 in Deutschland vorgeschrieben ist), dann verschickt die Wettbewerbszentrale eine Abmahnung. Reklamiert aber beispielsweise Lexus für einen Hybridgeländewagen, dieser habe »weniger Emissionen«, dann ist das erst mal kein Bruch der einschlägigen »Pkw-Energieverbrauchskennzeichnungsverordnung (Pkw-EnVKV)«, ganz egal wie hoch die Emissionen tatsächlich sind – jedenfalls solange die Annonce im Kleingedruckten brav eine Angabe über den nach EU-Vorschrift ermittelten Ausstoß an Kohlendioxid enthält.

> Vielleicht hängen sie auch dem verbreiteten Irrglauben an, Deutschland sei Klimaweltmeister – und deshalb werde es schon stimmen, wenn sich deutsche Firmen als klimaschonend hinstellen.

Spezifische Regeln zur Grünfärberei jedenfalls fehlen in Deutschland. Und in der hiesigen Rechtstradition ist der Verbraucherschutz eher ein Nebenprodukt der Marktordnung. Das Gesetz gegen unlauteren Wettbewerb (UWG) von 1909 soll Unternehmen eine Handhabe geben, um gegen unsauber arbeitende Konkurrenten vorgehen zu können. In der Theorie profitieren davon auch die Verbraucher. Aber was ist eigentlich, wenn es gar keinen sauber arbeitenden Konkurrenten gibt?

Und in der Praxis ist es oft schwierig, irreführende Werbung ahnden zu lassen. Im Frühjahr behauptete beispielsweise ein Lobby-Institut der deutschen Heizölbranche in bundesweiten Anzeigen, dass »moderne Ölheizungen« nur noch »extrem niedrige Emissionen« verursachten, die denen von Erdgasheizungen »in nichts nachstehen«. Das mag für eine Reihe von Luftschadstoffen gelten, beim Klimagas Kohlendioxid aber liegen die Werte von Heizöl deutlich höher. Ein frisch gegründeter Bundesverband Deutscher Gasverbraucher versuchte, dagegen vorzugehen und erstattete Strafanzeige gemäß UWG. Doch die Staatsanwaltschaft Hamburg ließ den Verband kühl abblitzen: Die bemängelte Annonce sei, so der in feinem Juristendeutsch formulierte Bescheid, eine »erkennbar aus dem subjektiven Blickwinkel eigener Interessenverfolgung und -gewichtung getroffene Wertung ohne jeden konkreten, wissenschaftlich determinierten Hintergrund [gewesen], die weder einer bestimmten Fragestellung noch einer wissenschaftlich fundierten Verifizierung von ›falsch‹ oder ›richtig‹ zugänglich ist«. Genau dies ist zwar in den internationalen Regeln für Umweltwerbung untersagt, doch das reicht eben nicht für eine Strafverfolgung durch deutsche Behörden. Die Erdgaslobbyisten beschweren sich daraufhin bei der Hamburger Generalstaatsanwaltschaft über die Einstellung des Verfahrens – und bekamen eine Auskunft, die einem (strafrechtlichen) Freibrief für Grünfärber gleichkommt: »Nicht jede Werbung, die unwahre Angaben über das beworbene Produkt enthält, ist mit Strafe bedroht.«

Bei der Grünfärberei, das ist das Perfide, fehlt das Opfer. Die Konkurrenz, die vielleicht das klimafreundlichere Produkt hat, wird eher versuchen, mit »besseren« Annoncen auf sich aufmerksam zu machen als Prozesse mit ungewissem Ausgang anzustrengen. Einen geschädigten Verbraucher gibt es ebenfalls nicht – ihm wurde ja kein klappriges Fahrrad angedreht, bei dem er hinterher Garantieansprüche geltend machen oder eine überteuerte Küchenmaschine, für die er sein Geld zurückverlangen könnte. Wer genau ist der Belogene, wenn RWE in bundesweiten Zeitungsanzeigen wahrheitswidrig behauptet, sein neues Braunkohlekraftwerk Neurath werde künftig weniger Kohlendioxid ausstoßen? (Im Zweifelsfall geht der »verständige, aufmerksame und durchschnittlich informierte Verbraucher« sowieso davon aus, dass jede Annonce verlogen ist.) Bei falscher Werbung mit Sozial- oder Umweltversprechen sind die Geschädigten weit weg – etwa die ausgebeuteten Arbeiter in der Dritten Welt – oder ganz stumm. Denn das Klima jammert nicht. Es kippt halt irgendwann um.

| POLITIK | AUTOS | ENERGIE | FORSCHUN

| KONSUM | **LUFTFAHRT** | MEDIEN | ÖLINDUSTRIE |

Airbus

275 Tonnen heiße Luft

Grün, natürlich, welche Farbe sonst wählt ein Flugzeughersteller in Zeiten des Klimawandels, wenn er einen neuen Mega-Jet präsentiert. Passend dazu schreibt Airbus auf seiner (englischsprachigen) Internetseite, der neue A380 sei eine »natürlichere Art zu fliegen«.

> Unter www.airbus.com/en/aircraftfamilies/a380/ gibt's die emsige Ameise sogar als Filmchen!

»A better environment«, eine »bessere Umwelt« also, lautet das etwas kleiner gedruckte Versprechen – doch schon nach einem Klick zerplatzt die grüne Blase: Gemeint ist damit nämlich zuallererst eine angenehmere Umgebung für die Fluggäste (»mehr Raum« und »220 Fenster, die die Kabine mit Naturlicht fluten«). Erst an zweiter Stelle verweist Airbus auf einen »niedrigeren Treibstoffverbrauch« und »signifikant verbesserte CO_2-Emissionen pro Passagierkilometer«.

Die zwei Worte sind wichtig, denn absolut betrachtet verbraucht der 275-Tonnen-Koloss pro hundert Kilometer Flug etwa 1,5 Tonnen Kerosin und damit mehr als andere Airbus-Modelle. Wie viel genau ein A380 schluckt, möchte ein Airbus-Sprecher auch auf

POLITIK | AUTOS | ENERGIE | FORSCHUN

mehrmaliges Nachfragen nicht verraten. Nur so viel: Es seien pro Person und hundert Kilometer 2,9 Liter, was 75 Gramm Kohlendioxidausstoß pro Kilometer entspreche, <u>und auf diese Rechnung möge man sich doch bitte verlassen.</u> Auf den ersten Blick ist die Klimabilanz des A380 damit günstiger als die eines heute üblichen Pkw. Auf den zweiten Blick aber ist der **Treibstoffverbrauch nicht besser als der einer DC-3, die im Jahr 1935 ihren Erstflug hatte** (in Deutschland auch als Rosinenbomber bekannt). Denn alle Effizienzfortschritte, für die sich heute die Flugzeugindustrie so laut lobt, machen gerade einmal den Mehrverbrauch wieder wett, <u>der vor Jahrzehnten beim Umstieg von Propellermaschinen auf Düsenjets entstand.</u> Die A380 repräsentiere »veraltete Technik im Großformat«, kritisiert denn auch Werner Geiß vom ökologisch orientierten Verkehrsclub VCD.

> Auf Spezialisten-Blogs im Internet ist das eine heiß diskutierte Frage, dort kommt man auf fast 3,5 Liter – zum Beispiel: http://dieluftfahrt.blogspot.com/2007/09/kerosinverbrauch-des-airbus-a380.html. Lufthansa spricht für seine eigenen A380 übrigens von 3,4 Litern pro Person und Kilometer.

> Diese und andere Daten finden sich in der Broschüre »Clearing the Air« des Brüsseler Umweltdachverbandes T&E: www.transportenvironment.org/Publications/prep_hand_out/lid:430

Außerdem führt der von der Luftfahrtindustrie gern gezogene Vergleich des Treibstoffverbrauchs beziehungsweise des Kohlendioxidausstoßes mit dem von Autos komplett in die Irre: Denn Flugzeuge emittieren neben CO_2 noch andere klimaschädigende Stoffe wie Stickoxide, Rußpartikel und Wasserdampf, und überhaupt schädigen die Abgase das Klima in Flug-

KONSUM | **LUFTFAHRT** | MEDIEN | ÖLINDUSTRIE

höhe stärker als am Boden. Der negative Klimaeffekt eines Flugzeugs ist deshalb etwa drei- bis fünfmal so stark wie sein direkter Kohlendioxidausstoß, kalkuliert beispielsweise das Umweltbundesamt; der Weltklimarat IPCC geht von einem Faktor zwei bis vier aus. **Pro Kopf und Kilometer schädigt also ein A380-Passagier das Klima so stark, als würde er mit einem Auto fahren, das zwischen sechs und fünfzehn Liter Sprit verbraucht.** Noch schlechter wird die Bilanz, wenn das Flugzeug nicht voll besetzt ist, im Auto hingegen nicht nur eine Person unterwegs ist. Zudem würde so lange Wege wie in einem A380 mit dem Auto kein Urlauber und kein Geschäftsreisender zurücklegen.

Schon im Jahr 2000 war die Luftfahrtbranche laut dem Brüsseler Umweltdachverband Transport & Environment weltweit für vier bis neun Prozent des menschengemachten Treibhauseffekts verantwortlich. Der Anteil wird nach allen Prognosen kräftig steigen, denn **die Branche wächst so rasant, dass alle Effizienzgewinne einzelner Flugzeuge binnen kürzester Zeit durch die Zunahme des gesamten Flugverkehrs zunichtegemacht werden.** Wenn das ungebremst weitergeht wie bisher, berechnete das renommierte Tyndall Centre for Climate Change Research an der Universität Manchester, wird der Flugverkehr in der EU im Jahr 2050 zwischen 40 und 80 Prozent der Menge an Treibhausgasen emittieren, die ganz Europa dann insgesamt noch ausstoßen darf.

> Nachzulesen unter:
> www.tyndall.ac.uk/
> publications/working_
> papers/wp84_
> summary.shtml

| POLITIK | AUTOS | ENERGIE | FORSCHUNG |

Audi

Vorsprung durch Werbung

Audi-Manager greifen gern zu markigen Worten, wenn es um Klimaschutz geht: »Sollen wir künftig alle Trabi fahren?«, antwortete Ex-Audi-Chef Martin Winterkorn einst, als er nach seinen hochmotorisierten Fahrzeugen gefragt wurde. Und der jetzige Vorstandsvorsitzende, Rupert Stadler, versuchte einmal, die Verantwortung zur Senkung des Kohlendioxidausstoßes auf andere abzuwälzen mit den Worten, das Klimagas kenne ohnehin »keine Landes- und Industriegrenzen«. Im Übrigen sei nicht Audi schuld, sondern die Physik, dass man die eigene Selbstverpflichtung aus dem Jahr 1998 (zur Senkung der Emissionen der Neuwagenflotte auf durchschnittlich 140 g/km Kohlendioxid bis 2008) um Längen verfehlt.

Doch selbst in Ingolstadt weiß man, dass man mit Ausreden allein nicht mehr durchkommt in Zeiten wie diesen – und hat deshalb eine millionenschwere Werbekampagne gestartet. Sehr geschickt wird darin – Schritt 1 – Sparsamkeit bzw. Emissionssenkung umdefiniert in Effizienzsteigerung. Um dann – Schritt 2 – alle möglichen Innovationen als Effizienzfortschritt präsentieren zu können. In 16-seitigen Zeitungsbeilagen lässt Audi dann aerodynamische Karosserien chic fotografieren, preist neue Getriebe an, führt den ersten Audi-Hybrid aus dem Jahr 1989 vor oder seinen – zweifellos tollen – Dieselmotor TDI.

Der Haken an alldem: Audi hat sich in der jüngeren Vergangenheit darauf konzentriert, durch immer bulligere Autos das einst betuliche Image als Hersteller von Rentnerkutschen abzulegen. Entsprechend sahen Modellpolitik und Werbung (»Vorsprung durch Technik«) aus. **Fortschritte etwa bei der Motorentechnik wurden – statt den absoluten Verbrauch oder CO_2-Ausstoß der Fahrzeuge zu senken – eher dazu genutzt, PS-Zahlen zu steigern und immer größere und schwerere Autos immer schneller zu machen.** Dementsprechend sieht eine Studie des Bundes für Umwelt und Naturschutz Deutschland Audi als **Schlusslicht unter den deutschen Automobilherstellern beim Erreichen versprochener Klimaschutzziele.**

Im Internet unter: www.bund.net/fileadmin/bundnet/pdfs/verkehr/autoverkehr/20070200_verkehr_klimafahrtenbuch2_fakten.pdf

Um davon abzulenken, breitet der Konzern in seiner edlen Zeitungsbeilage »Meilensteine der Audi-Technik« aus – doch die meisten davon haben wenig mit Klimaschutz zu tun. Fürs Jahr 2003 etwa wird der neue Audi TT 3.2 quattro präsentiert, dabei stößt der Sportwagen auf jedem gefahrenen Kilometer mehr als 220 Gramm des Klimagases Kohlendioxid aus. »Meilenstein« 2006 ist der Sieg eines Audi R10 mit Zwölf-Zylinder-Motor »beim legendären 24-Stunden-Rennen von Le Mans« – dessen Verbrauchs- oder Emissionswerte verschweigt man wohlweißlich.

Im Jahr 2008 habe Audi ein »Produktfeuerwerk«

gezündet: Hier wird auch **der neue A4** groß herausgestellt – doch dieses meistverkaufte Audi-Modell **ist im vergangenen Jahrzehnt gar nicht effizienter geworden:** Der aktuelle A4 mit dem sparsamsten Zwei-Liter-TDI-Motor (und 120 PS) verbraucht nach Firmenangaben 4,2 bis 6,6 Liter Diesel pro hundert Kilometer und hat einen Kohlendioxidausstoß von 134 g/km. Nicht übel – nur: **Schon der erste A4 vor 13 Jahren war ähnlich sparsam.** Tief vergraben auf der Audi-Homepage findet sich noch heute das Datenblatt für den A4 1.9 TDI von 1995 mit 110 PS. Und beim Blick in die Spalte »Verbrauch« ist die Überraschung groß: die drei Literangaben dort beziehen sich auf Messungen bei 90 km/h,

> www.audi.de/etc/medialib/cms4imp/audi2/product/datasheets/a4/saloon.Par.0007.File.pdf – Damals wurde zwar noch ein anderes Testverfahren angewandt, trotzdem sind die Werte in etwa vergleichbar.

bei 120 km/h und im Stadtverkehr, und sie lauten:

3,7/5,0/6,0

| POLITIK | AUTOS | ENERGIE | FORSCHUN

Audi
Al Gore als Feigenblatt für den neuen A6

Audi hat im Herbst 2008 eine neue Version seiner Oberklasse-Limousine A6 vorgestellt; und weil es große Autos nicht mehr so leicht haben in Zeiten des Klimawandels, dachte sich die Werbeabteilung etwas ganz Besonderes aus: Sie setzte Al Gore in einen A6. Kein Witz!

Bei einem Besuch in Holland wurde also der Mann, der spätestens seit Erhalt des Friedensnobelpreises als wandelndes Weltklimagewissen gilt, in einem A6 herumkutschiert – und dieser Coup in einer Pressemitteilung hinausposaunt.

Klima-Botschafter Al Gore im Audi A6 TDI

(lifepr) Ingolstadt/Aalsmeer, 16.10.2008 - .
- Audi Mobilitätspartner von Al Gore in den Niederlanden
- Friedensnobelpreisträger in effizientestem Auto seiner Klasse
- A6 mit GTL-Kraftstoff aus Erdgas...

Wie beabsichtigt brachte dies sehr wohlwollende Berichte in der Motorpresse. Die hat Audi auch nötig,

| KONSUM | LUFTFAHRT | MEDIEN | ÖLINDUSTRIE |

weil der Kohlendioxidausstoß der verkauften Audi-Neuwagenflotte zwischen 2002 und 2007 nicht etwa gesunken, sondern sogar gestiegen war: <u>von 181 auf 184 Gramm pro Kilometer</u>. Der Grund: Die Ingolstädter haben sich in der Vergangenheit auf immer größere und stärkere Wagen konzentriert und Effizienzfortschritte in der Motorentechnik nicht in niedrigere CO_2-Werte umgesetzt, sondern vor allem in höhere PS-Zahlen. **Der vergleichsweise sparsame Zwei-Liter-TDI, mit dem man Al Gore chauffierte, wirkt da wie ein Nischenmodell zur Aufwertung des Images.**

> Das berichtete das *greenpeace magazin* 6/08 nach einer eigenen Auswertung der Zulassungsstatistiken des Kraftfahrt-Bundesamtes.

Ehrlicher ist der Slogan, mit dem Audi in Riesenzeitungsannoncen um echte A6-Kunden wirbt: »Je stärker der Antrieb, desto besser die Performance.«

Das hier abgebildete Modell A6 3.0 TFSI quattro stößt pro Kilometer nicht 139 Gramm Kohlendioxid aus wie Al Gores Fahrzeug, sondern satte 219 Gramm. Doch es passt – ebenso wie der Werbespruch – perfekt zur Hauptzielgruppe des A6: prestigebewussten Geschäftsleuten. Von den gut 55 000 Exemplaren, die Audi 2007 von der Limousine in Deutschland verkaufte, wurden laut Kraftfahrtbundesamt (KBA) exakt 46 609 Stück als Dienstwagen zugelassen, das sind 84,7 Prozent. Und **gewerbliche Halter bevorzugen** – wie KBA-Statistiken ebenfalls belegen – **PS-starke Autos;** nicht zuletzt, weil hohe Benzinpreise sie nicht zu kümmern brauchen, denn **dank der deutschen Steuergesetzgebung können sie sämtliche Fahrzeugkosten steuermindernd geltend machen** und dadurch auf den Staat bzw. die Gesamtheit der Steuerzahler abwälzen. Für einen Audi A6 gibt es laut Greenpeace-Berechnungen mehr als 50 000 Euro vom Finanzamt zurück. In Großbritannien übrigens ist das seit einigen Jahren anders: Dort orientiert sich die Absetzbarkeit gewerblicher Fahrzeugkosten am Kohlendioxidausstoß – wodurch die Dienstwagenflotte im Königreich schlagartig sparsamer und klimaschonender wurde.

> Unter www.youtube.com/watch?v=HEbYgQyAgJU gibt's ein kurzes Video dazu.

Kennt man die Vorlieben der deutschen Geschäftskunden, dann versteht man auch den Spruch, mit dem Audi sein »Spitzenmodell« der A6-Baureihe, den RS6 (Zehn-Zylinder-V-Motor, 580 PS, 333 g/km CO_2-Ausstoß, Grundpreis: 105 500 Euro), auf seiner Website anpreist:

| POLITIK | AUTOS | ENERGIE | FORSCHUNG |

Wieso haben die Audi-Öffentlichkeitsarbeiter den »Klimabotschafter Al Gore« nicht mit diesem Wagen chauffieren lassen?

| MEDIEN | ÖLINDUSTRIE | POLITIK | AUTOS |

AVIA

Pack das Klima in den Tank

Eigentlich sollte es sich längst herumgesprochen haben, dass ein Umstieg auf Agrosprit keine Lösung des Klimaproblems wäre: Immer mehr Experten warnen vor den Nebenwirkungen, und Bundesregierung wie EU haben ihre einst vorbehaltlose Unterstützung längst revidiert. Die Tankstellenkette AVIA hingegen wirbt noch immer damit – und platziert auf ihrer In-

ternetseite eine ihrer Stationen auf eine Waldlichtung mit possierlichem Eichhörnchen.

Anlass für den Werbespruch »klimafreundliche Kraftstoffe« war die Einführung eines »neuen CO_2-optimierten Kraftstoffs« namens »Super+E10« im Herbst 2007 – dabei wurden konventionellem Super-Benzin zehn Prozent Agro-Ethanol beigemischt, deutlich mehr als an anderen Tankstellen üblich. »Super+E10« sei nicht nur billiger als konventionelles Super, so das Unternehmen, es reduziere den Kohlendioxidausstoß eines Autos um 15 Gramm pro hundert Kilometer.

Auf Nachfrage räumt ein AVIA-Sprecher ein, dass dieser Wert nur grob kalkuliert ist: **Die Treibhausgas-Emissionen aus der aufwendigen Herstellung des beigemischten »Bioethanols« sowie aus dem düngemittelintensiven Anbau des Vorprodukts Getreide wurden nämlich überhaupt nicht berücksichtigt.** Bezieht man diese ein, so ist der Umweltnutzen von Agrotreibstoffen oft ernüchternd, wie beispielsweise die OECD im Juli 2008 feststellte. Gerade dem »Bioethanol« aus Getreide, das auch AVIA verwendet, wird darin ein »signifikant niedrigerer« Klimaeffekt als anderen Alternativen bescheinigt.

> Die Studie analysiert, wie in den Industriestaaten Agrokraftstoffe gefördert werden:
> www.oecd.org/document/3/0,3343,de_34968570_34968855_41012419_1_1_1_1,00.html; vgl. dort S. 10 und 110.

Und wirft man einen wirklich umfassenden Blick auf Agrotreibstoffe, entpuppt sich der ganze Hype schnell als grünfärberisches Ablenkungsmanöver von Auto- und Ölindustrie: Statt sparsame Fahrzeuge zu entwickeln oder wirkliche Alternativen zu den derzeitigen Mobilitätsgewohnheiten zu finden, propagieren sie den einfachen Wechsel zu einem neuen Brennstoff. Dass der Durst der globalen Autoflotten den Hunger in der Dritten Welt verschärfen könnte und weltweit auch gar nicht genügend Süßwasser für eine Produktion in großem Stil zur Verfügung stehen dürfte, wischt man mit der Hoffnung auf Agrotreibstoffe der sogenannten zweiten Generation vom Tisch – doch die lassen bisher auf sich warten. **Für den Klimaschutz ist es ohnehin glatte Verschwendung, Biomasse in ineffizienten Automotoren zu verbrennen. Erheblich mehr Treibhausgase ließen sich einsparen, wenn damit Block-Heizkraftwerke (BHKW) betrieben würden** – sie erzeugen in sogenannter Kraft-Wärme-Kopplung (KWK) hocheffizient zugleich Strom und Wärme und könnten viele klimakillende Kohlekraftwerke ersetzen. Bei der Verarbeitung der Biomasse zu flüssigen Kraftstoffen dagegen halbiere sich die Energieausbeute, stellt der Wissenschaftliche Beirat der Bundesregierung zu Globalen Umweltveränderungen (WBGU) fest, in Übereinstimmung übrigens mit der UN-Energieagentur und vielen anderen Experten. Der WBGU empfahl im Herbst 2008 der Regierung deshalb explizit, »aus der Förderung flüssiger Biokraftstoffe auszusteigen«.

»Wir sehen keinen Grund, nicht weiterhin hinter dem Produkt zu stehen«, sagt dagegen der AVIA-Sprecher.

Umweltminister Sigmar Gabriel war damals stinksauer. Trotzig erklärte er nach Vorlage der Studie, die Regierung mache weiter wie bisher, weil sonst die »Entwicklung neuer Technologie« behindert würde – aber das ist eine andere Geschichte.

| MEDIEN | ÖLINDUSTRIE | POLITIK | AUTOS |

Aber vielleicht geht es dem Unternehmen ja auch weniger um den Klimanutzen als ums eigene Renommee: Am Umsatz der insgesamt 800 deutschen AVIA-Stationen hat »Super+E10« ohnehin bloß einen marginalen Anteil. Lediglich »mehrere 10 000 Tankungen«, heißt es schwammig, habe es nach dem Start des Produkts gegeben, und inzwischen sei der Verkauf auch noch »deutlich eingebrochen«.

LUFTFAHRT | **MEDIEN** | ÖLINDUSTRIE | POLITIK

Bayerischer Rundfunk
Lautsprecher der Stromlobby

42 »Die Sendungen des Bayerischen Rundfunks dienen der Bildung, Unterrichtung und Unterhaltung«, heißt es im Rundfunkgesetz des Freistaates. Sie sollen einen »umfassenden Überblick über das internationale, nationale und das bayerische Geschehen geben« sowie »von Objektivität getragen« sein. Und sie sollen »der Eigenart Bayerns gerecht werden«. An einem Dienstagabend im März 2008 sendete der BR in der ARD-Sendung Plusminus einen Beitrag, der – nun ja – zumindest Zweifel aufkommen lässt, wie ernst dieser Auftrag in München bisweilen genommen wird. Es ging um Energiekosten, und der Titel lautete: »Warum die Preise explodieren werden«.

> Das steht dort wirklich so in Artikel 4, Absatz 1.

Wer bisher dachte, Antworten auf diese Frage hätten – zumindest ein klein bisschen – mit der weltweit steigenden Energienachfrage zu tun oder mit Erdölressourcen, die sich unweigerlich dem Ende zuneigen, der wurde von dem Fernsehbeitrag überrascht. Der Bayerische Rundfunk nämlich präsentierte drei andere Schuldige: den Erdgas-Riesen Gazprom bzw. die russische Regierung, außerdem den rot-grünen

Atomausstieg und schließlich Umweltschützer, die »mit groß angelegten Aktionen« den Neubau von Kohlekraftwerken verhindern. Angesichts dieser Phalanx von Gegnern bekommt der deutsche Verbraucher – in dem Filmchen von einem jungen Mann gespielt – beim Blick auf seine Stromrechnung jedenfalls angstgeweitete Augen.

Der Beitrag ist immerhin fünfeinhalb Minuten lang – und voller Halbwahrheiten und Suggestionen, die hier gar nicht alle ausgebreitet werden können: Deutschlands Energieversorgung sei abhängig von Importen, heißt es beispielsweise. Das stimmt zwar, aber im

> Im Internet kann man ihn sich immer noch anschauen: www.daserste.de/mediathek_blank/play.asp?cid=20956

| AUTOS | ENERGIE | FORSCHUNG | KONSUM |

Folgenden ist fast nur noch von Erdgas die Rede. Es sei »in Deutschland für die Stromproduktion wichtig«, hieß es, aber das stimmt schon weniger. **Denn Erdgas wird hierzulande vor allem zu Heizzwecken verwendet, weniger zur Stromerzeugung.** Lediglich 11,7 Prozent der in Deutschland erzeugten Elektrizität stammte beispielsweise im Jahr 2007 aus Gaskraftwerken. Zugegeben, in sämtlichen Klimaschutzkonzepten ist eine Steigerung dieses Anteils vorgesehen. Aber wenn gleichzeitig (wie geplant und von der Bundesregierung mit Milliardensummen gefördert) die Wärmedämmung im Gebäudebestand verbessert und in großem Umfang Heizungsanlagen modernisiert werden, <u>wird dies die insgesamt zu importierende Erdgasmenge kaum erhöhen.</u>

> Das »Nationale Energiekonzept: Plan B« von Greenpeace zum Beispiel will 2020 fast 40 Prozent des (durch Effizienzmaßnahmen erheblich reduzierten) deutschen Primärenergieverbrauchs mit Gas decken – etwa doppelt so viel wie heute. Der *absolute* Erdgasverbrauch würde gegenüber 2004 aber nur um 7,5 Prozent zunehmen.

Plusminus aber braucht die wacklige Behauptung einer dramatischen Erdgas-Abhängigkeit, weil sonst der Rest des Beitrages keinen Sinn ergäbe: Im Folgenden nämlich wird dem deutschen Stromkunden Angst gemacht vor dem wenig demokratischen Russland. **Dass die Autofahrer eigentlich noch mehr Angst haben müssten, wird dagegen komplett ignoriert. Denn beim Mineralöl ist Deutschland zu praktisch hundert Prozent von Ölimporten abhängig.** Wenn man sich so sehr vor Wladimir Putin fürchten soll, warum verlässt man sich dann seit Jahrzehnten auf »die Scheichs«?

Dieser grundlegende Fehler durchzieht die gesamte Argumentation: So präsentiert Plusminus eine Tortengrafik, um die große Abhängigkeit von Erdöl und Erdgas zu belegen (und die geringe Bedeutung erneuerbarer Energien).

Dargestellt ist darin aber der deutsche Verbrauch an *Primär*energie, also auch an Benzin, Diesel und Heizenergie. **Der von Plusminus als Lösung propagierte Neubau von Kohlekraftwerken** aber (den angeblich bösartige Umweltschützer behindern) **ist für Tankstellen und Heizungskeller ohne Belang.** (An der *Strom*erzeugung nämlich hatte Erdgas 2007 nur einen Anteil von gut zehn Prozent, Erdöl kommt auf bloße 1,3 Prozent – die erneuerbaren Energien aber tragen schon 14 Prozent zum deutschen Stromverbrauch bei.)

So geht es weiter und weiter: Ein Wissenschaftler warnt vor einer drohenden »Vervielfachung der

Strompreise« – was eine krasse Übertreibung sein dürfte. Sicher wird es auch künftig steigende Strompreise geben, aber kaum um ein Vielfaches. Und technologische wie politische Entwicklungen werden schon in absehbarer Zeit dazu führen, dass Strom zum Beispiel aus Windrädern nicht mehr teurer sein wird als solcher aus Kohlekraftwerken.

Die »Stromlücke«, vor der auch die großen Energiekonzerne RWE, E.on, Vattenfall & Co. seit einigen Monaten sirenenhaft warnen, ist nach Ansicht von Plusminus nicht durch erneuerbare Energien zu decken. Belege für die Behauptung? Keine.

Plusminus nennt eine Summe von 23 Milliarden Euro, die für die Förderung von Solarstrom anfallen – doch diese riesige Zahl (die übrigens von einem RWE-nahen Institut stammt) kommt nur zustande, weil sie die Subventionssummen über Jahrzehnte addiert. Und **dass die deutsche Kohleförderung oder auch die Subventionen für Atomkraft in den zurückliegenden Jahrzehnten ein Vielfaches der Zuschüsse für erneuerbare Energien betrugen, lässt Plusminus auch einfach unter den Tisch fallen.**

Am Ende des Beitrages macht der junge Mann, der den deutschen Verbraucher verkörpern soll, in seiner Küche das Licht aus. Zappenduster – soll das wohl suggerieren – könnte es bald in Deutschland werden. Die Kohlelobby wird sich über den Film sehr gefreut haben, von der im Rundfunkgesetz geforderten »Objektivität getragen« war er nicht.

Aber vielleicht ist die unkritische Übernahme von Propagandaargumenten der alten Energiewirtschaft eine »Eigenart Bayerns«?

AUTOS | **ENERGIE** | FORSCHUNG | KONSUM

BDEW

Hurra, neue Kraftwerke!

Bundesweit planen Stromversorger etwa zwei Dutzend neue Kohlekraftwerke, und bundesweit regt sich dagegen Protest. Im saarländischen Ensdorf beispielsweise hat ein Bürgerentscheid im Herbst 2007 eine Milliardeninvestition von RWE platzen lassen. Es sei »vermehrt Widerstand gegen Bauvorhaben zu beobachten«, klagte daraufhin Michael Feist, der Präsident des Bundesverbandes der Energie- und Wasserwirtschaft (BDEW). »Jedes neue Kraftwerk ist ein Gewinn für den Klimaschutz«, versuchte er die Öffentlichkeit zu mehr Investitionsfreundlichkeit zu ermahnen, »da es wesentlich effizienter arbeitet als die Vorgänger.«

Diese Argumentation ist **so simpel wie kurzschlüssig** – aber mittlerweile so oft zu hören, dass sie doch mal ausdrücklich widerlegt werden muss: Selbstverständlich (und wenig überraschend) haben neue Kohlekraftwerke einen höheren Wirkungsgrad als völlig veraltete Anlagen aus den sechziger und siebziger Jahren, die vielerorts noch immer am Netz sind. Pro erzeugter Kilowattstunde (kWh) Strom stoßen neue Kohleblöcke deshalb etwas weniger klimaschädliches Kohlendioxid aus.

Aber erstens sind kleine, flexible Erdgas-Kraftwerke, die zugleich Strom und Wärme erzeugen, noch effizienter. Pro kWh wird dort nur etwa halb so viel CO_2 frei wie in den modernsten Kohlekraftwerken. Von regenerativen Energien wie Biogas, Wind- oder Wasserkraft ganz zu schweigen.

Und zweitens ist ein etwas effizienteres Kraftwerk nur dann ein Gewinn fürs Klima, wenn wirklich ein noch dreckigeres in mindestens derselben Größe vom Netz geht. **Für die meisten der derzeit geplanten neuen Kohlekraftwerke aber sollen – wenn überhaupt – nur viel kleinere Vorgängeranlagen stillgelegt werden.** Thorben Becker, Klimaexperte beim Bund für Umwelt- und Naturschutz Deutschland (BUND), hat sich die Mühe gemacht, sämtliche Neubauvorhaben von RWE, E.on, Vattenfall & Co. durchzugehen und mit versprochenen oder angekündigten Außerbetriebnahmen zu vergleichen. »Die Lüge von der Stilllegung« hat er das Resultat überschrieben: Denn den 33 in Deutschland geplanten neuen Kohlekraftwerks-Blöcken stünden zwar 39 alte gegenüber, die Gesamtleistung der alten Anlagen liegt mit 6917 Megawatt aber bei gerade einem Viertel der geplanten Neu-Kapazitäten (zusammen 27 720 Megawatt). **Selbst bei einem etwas höheren Wirkungsgrad der neuen Kohlekraftwerke erhöht sich unterm Strich deshalb der Ausstoß an Kohlendioxid: von jetzt 43,1 Millionen Tonnen auf dann 164,8 Millionen Tonnen.**

> Auch wenn der Weblink sehr kompliziert ist – es lohnt sich wirklich, das elfseitige Papier zu lesen: www.bund.net/fileadmin/bundnet/publikationen/energie/20070628_energie_stilllegungsluege_kohlekraftwerke_klimafakten.pdf

| AUTOS | **ENERGIE** | FORSCHUNG | KONSUM |

Schon Ende 2006 warnte das Umweltbundesamt (UBA) davor, dass hierzulande viel zu viele Kohlekraftwerke in Betrieb beziehungsweise in Planung sind, um die deutschen Klimaschutzziele zu erreichen. Die entsprechende Studie wurde, so ist aus dem UBA zu hören, auf Bitten des vorgesetzten Bundesumweltministeriums aus dem Internetauftritt entfernt.

> Eine Kopie des Papiers gibt's aber hier:
> www.wir-klimaretter.de/images/pdf/kraftwerksneubauten_uba_2006.pdf

POLITIK   AUTOS   ENERGIE   FORSCHUN

Bentley

Hochstapelei mit Biosprit

Die Edelmarke Bentley ist bekannt dafür, der britischen Königin ihre Dienstlimousine zu fertigen und in Vergleichstabellen zum Kohlendioxidausstoß stets ganz weit vorn mitzumischen. Doch selbst bei der Luxusschmiede aus dem nordenglischen Crewe macht man sich mittlerweile Sorgen um das ~~eigene Image~~ Weltklima. Auf dem Genfer Automobilsalon 2008 stellte Bentley deshalb eine »Strategie zum Umweltschutz« vor: Bis 2012, so das vollmundige Versprechen, würden alle Modelle »in der Lage sein, weniger als 120 g/km CO_2 auszustoßen«. *Spiegel Online*

ging der Ankündigung auf den Leim und schrieb sofort von neuen »Öko-Limousinen«. Bei näherer Betrachtung aber glänzt Bentley so sehr wie eine verrostete Chromleiste.

In einem 19-seitigen Dokument, das auf der schicken Firmenhomepage zum Download bereitsteht, wird wortreich die magere Bentley-»Strategie« ausgebreitet: **Die Senkung des heutigen CO_2-Ausstoßes von bis zu 495 Gramm pro gefahrenem Kilometer soll vor allem durch den Einsatz von Biokraftstoffen der zweiten Generation erreicht werden – die aber sind über das Laborstadium noch nicht hinausgekommen, und ihr Klimanutzen ist zweifelhaft.**

In dem Papier schmückt sich das Unternehmen damit, dass ein typischer Bentley (als Zweit- oder Drittfahrzeug) nur 11 000 Kilometer pro Jahr gefahren werde, weshalb die absolut ausgestoßene CO_2-Menge »nur« bei jährlich 4,4 Tonnen liege. Außerdem sei es doch schon eine tolle Leistung, den Kohlendioxidausstoß des Modells Continental im vergangenen Jahr um vier Prozent gesenkt zu haben (auf immer noch rund 400 Gramm pro Kilometer). Durch weitere Detailanstrengungen werde man bis 2012 zusätzliche 15 Prozent Reduktion erreichen. Bis dahin solle auch die »Neuentwicklung des Antriebsstrangs« abgeschlossen sein, der noch mal einen 40 Prozent niedrigeren Kraftstoffverbrauch ermöglichen soll.

Was genau mit einem neuen Antriebsstrang gemeint ist, bleibt offen – und selbst dann hätte Bentley die versprochenen 120 Gramm noch längst nicht erreicht. Deshalb rechnet man eben noch CO_2-Einsparungen obenauf, die von »Biokraftstoffen der zweiten Generation« erwartet werden. Diese sogenannten BtL-Treibstoffe sollen nicht mehr wie heute nur aus den Saaten von Ölpflanzen (z. B. Raps) gewonnen werden, sondern auch aus den Stängeln und Blättern der Pflanzen. Und durch die Verarbeitung von Abfallholz oder Stroh, so das Versprechen, werde eine höhere Ausbeute pro Hektar Anbaufläche erreicht sowie eine Konkurrenz zur Nahrungsmittelproduktion vermieden. Der Haken: An BtL wird zwar intensiv geforscht, aber in größeren Mengen und zu erschwinglichen Preisen ist der Kraftstoff noch lange nicht verfügbar (wobei der Preis für Bentley-Kunden vielleicht wirklich nicht so relevant ist).

> Das Kürzel steht für »Biomass to Liquid«.

Zudem weisen zahlreiche Studien auf die zweifelhafte Ökobilanz von BtL hin: Wie hoch der CO_2-Einspareffekt gegenüber konventionellem Benzin wirklich ist, hängt von der Erzeugung der Ausgangs-Biomasse ab und von der Energieintensität der Weiterverarbeitung. Eine jüngst veröffentlichte Studie aus der Schweiz beziffert die mögliche Einsparung auf höchstens 61 Prozent. Bentley dagegen rechnet sehr großzügig mit »bis zu 90 Prozent«.

> Näheres zu diesem Gutachten im Auftrag des Schweizer Bundesamtes für Energie unter: www.esu-services.ch/cms/index.php?id=153&L=1

Zum Schluss noch ein Bonbon aus der Bentley-»Strategie«, das sich in seiner dreisten Schnöseligkeit nur schwerlich ins Deutsche übersetzen lässt:

| POLITIK | AUTOS | ENERGIE | FORSCHUNG |

> That said, our customers expect the Bentley brand to offer products that are environmentally sound investments. Many of our customers are influential opinion leaders and like to be seen making socially responsible choices in their modes of consumption. Bentley could meet that demand by offering a lower performance derivative. But this would not be consistent with customer expectations. The likely modest sales volume would risk making our actions appear as a cosmetic gesture, and of little practical consequence.
>
> Bentley believe the socially responsible approach is to maximise the reduction in the average CO_2 emissions of our cars whilst maintaining the product "DNA" in terms of luxury and performance.
>
> At Bentley, moreover, we must balance our responsibility to mankind and the planet with our responsibility to employment and economic needs. Bentley has a duty to support the workforce at Crewe, home to its manufacturing base in north-west England, and in the local economy. On a wider scale, Bentley has a positive effect on the UK and EU economy as an exporter. So any loss in sales volume would have far-reaching consequences.

In wohlgesetzten Worten legt das Unternehmen dar, warum es ihm bedauerlicherweise ganz und gar unmöglich sei, andere als seine verschwenderischen Limousinen zu bauen. Bentley fabuliert von »ökologisch gesunden Investments«, von »einflussreichen Meinungsführern« unter seinen Kunden und von »sozial verantwortlichen Entscheidungen«. Und hinter der »Verpflichtung gegenüber der Arbeiterschaft von Crewe«, heißt es, müsse »die Menschheit und der Planet« leider zurückstehen. Das müssen wir doch verstehen, oder?

| LUFTFAHRT | MEDIEN | ÖLINDUSTRIE | POLITIK |

Bild & RWE

Angstmachen vor der »Stromlücke«

»Au weia«, werden am 27. Februar 2008 viele *Bild*-Leser gedacht haben. Nein, nicht weil das Springer-Blatt an jenem Mittwochmorgen schon zum zweiten Mal den vermeintlichen »Wortbruch« von SPD-Chef Kurt Beck in Sachen Kooperation mit der Linkspartei anprangerte. Sondern wegen dieser Schlagzeile:

RWE-Chef warnt STROM WIRD KNAPP

Ein paar Monate zuvor hatte schon E.on-Chef Wulf Bernotat in Deutschlands größter Boulevardzeitung die steile These verbreiten dürfen, Strom sei eigentlich zu billig. Nun also warnte Jürgen Großmann, Vorstandsvorsitzender des Konkurrenten RWE, vor künftigen Engpässen in der Elektrizitätsversorgung. Die würden, darf Großmann in einem langen Interview ausführen, in heißen Sommern drohen. Das PR-Märchen von der Stromlücke, das die Energieversorger seit Längerem verbreiten, um längere Lauf-

> Ja, genau! Strom ist so verdammt billig, weshalb E.on im Jahr 2007 auch bloß 7,4 Milliarden Euro Gewinn gemacht hat – deutlich mehr als im Vorjahr und als Aktien-Analysten erwartet hatten.

| AUTOS | ENERGIE | FORSCHUNG | KONSUM |

zeiten für ihre alten Akw oder Genehmigungen für neue dreckige Kohlekraftwerke zu erreichen, war damit auch in der *Bild* angekommen.

Das halbseitige Interview mit dem RWE-Chef enthält nicht eine einzige Zahl oder irgendeinen Beleg für das Gruselszenario. Trotzdem verbreiteten Nachrichtenagenturen es prompt. Und die *Bild*-Redaktion malte in einem separaten Text auch noch eilfertig aus, welche Folgen ein sommerlicher Stromausfall für die besorgten *Bild*-Leser haben könnte (Handy-Netze tot, kein Fernsehen, Verkehrschaos wegen ausgefallener Ampeln, und auch an Tankstellen gehe dann »gar nichts mehr«).

Ein Blick auf die Fakten – das wurde dann mittags auch auf der turnusmäßigen Regierungspressekonferenz in Berlin klargestellt – zeigt alles andere als eine Stromlücke: **Derzeit ist Deutschland ein Stromexporteur,** und das sogar, wenn wie im Jahr 2007 etliche Atomkraftwerke aus Sicherheitsgründen monatelang stillstehen. Auch gingen in den vergangenen Jahren erheblich mehr Erzeugungskapazitäten ans Netz als zeitgleich stillgelegt wurden, wie Statistiken des Branchenverbandes BDEW belegen. **Aber natürlich können Energiekonzerne wie RWE dafür sorgen, dass es in wenigen Jahren hierzulande wirklich eine Stromlücke gibt:** Indem sie nämlich weiterhin nur einen Bruchteil ihrer Milliardengewinne in ernsthaften Klimaschutz leiten. Oder, wie Andreas Troge (CDU), der Präsident des Umweltbundesamtes im Februar 2008 der *Financial Times Deutschland* sagte: »Es wird keine Probleme geben, wenn sich alle an das Klima- und Energieprogramm der Bundesregierung halten, das eine starke Steigerung der Energieeffizienz vorsieht. Falls allerdings die Erzeuger die Verbesserung der Effizienz und den Transport des Stroms aus erneuerbaren Energien bewusst verzögerten, können sie Probleme provozieren.«

RWE-Chef Großmann beklagt in *Bild* dann auch noch, dass hierzulande der Widerstand gegen neue

Kohlekraftwerke immer größer werde. Natürlich ärgert ihn das, wo doch ein großer Teil der Gewinne seines Unternehmens auf der klimaschädlichen Kohleverstromung basiert. Großmann betont, man brauche auch künftig Braunkohle- und Atomkraftwerke. Und verschweigt, dass **gerade solche Großkraftwerke wegen ihres immensen Bedarfs an Kühlwasser die ersten sind, die in trockenen Sommern abgeschaltet werden müssen.** Mal ganz davon abgesehen, dass die Riesenmengen Kohlendioxid aus Kohleanlagen den Klimawandel verstärken und damit direkt dazu beitragen, dass es in Deutschland häufiger zu Dürrephasen kommen wird.

Darauf hätten die *Bild*-Interviewer Oliver Santen und Jan W. Schäfer den Herrn Großmann mal ansprechen können …

MEDIEN
Bild & RWI

Windige Zahlen für die Atomkraft

Man sollte ja grundsätzlich misstrauisch sein, wenn die *Bild* »Wahrheiten« ankündigt. Aber was sich am 9. Juli 2008 auf Seite 2 von Deutschlands größter Boulevardzeitung fand, war schon ein besonderes Stück.

»Kernkraft ist sicher«, lautete Wahrheit Nummer 1; sie befinde sich weltweit »im Aufschwung«, hieß es unter Punkt 2. Ersteres wird regelmäßig durch kleine oder größere Störfälle widerlegt. Zur zweiten »Wahrheit« ist festzustellen, dass die derzeit weltweit in Bau befindlichen Neu-Akw bei Weitem nicht ausreichen werden, um die altersbedingt in den nächsten Jahren nötigen Abschaltungen auszugleichen – **die Zahl der Atomkraftwerke ist also eher im Abschwung.**

> Was war noch mal in Tschernobyl, Sellafield und Three Miles Island gewesen? Und wie sieht es im deutschen Atomendlager Asse nahe Salzgitter aus? Just am Tag dieser *Bild*-Geschichte waren (die anderen) Zeitungen voll mit Berichten über einen Störfall in der französischen Urananreicherungsanlage Tricastin.

Bild-»Wahrheit« Nummer 3 (»Kernkraft dämpft den Preisanstieg beim Strom«) war zumindest neu – und wurde deshalb auch von der Deutschen Presseagentur und, nochmals zugespitzt, von focus.de weiterverbreitet.

> Dort hieß es: »Experten rechnen vor: Wenn Deutschland den Atomausstieg verschiebt, sparen Verbraucher viel Geld«. Aus dem Zitat eines einzigen Mannes wurde gleich eine ganze Expertenschar.

zeiten mit einer Milliarden-Ersparnis für Wirtschaft und Verbraucher: „Durch eine Verschiebung des Atomausstiegs um 20 Jahre könnten uns Kosten von 50 Milliarden Euro und mehr erspart bleiben."

3. Kernkraft dämpft den Preisanstieg beim Strom
Laut Institut RWI zählt Atomstrom zu den günstigsten Energiearten, die Kilowattstunde kostet in der Herstellung rund 2 Cent. Zum Vergleich: Strom aus Braunkohle kostet im Schnitt 5 bis 6 Cent/kWh, Solarstrom rund 40 Cent/kWh. RWI-Experte Manuel Frondel rechnet bei längeren AKW-Lauf-

Doch wahr ist diese »Wahrheit« deshalb noch lange nicht: Denn **was der Stromkunde für eine Kilowattstunde zahlen muss, hat nur mittelbar mit den Erzeugungskosten zu tun.** Der Endpreis orientiert sich viel stärker an den Kursen der Strombörse in Leipzig. Und **die Differenz zwischen dem dort erzielbaren Preis und den Erzeugungskosten fließt als Gewinn in die Kassen der Energiekonzerne.**

Der von *Bild* zitierte Dr. Manuel Frondel vom RWI, dem Rheinisch-Westfälischen Institut für Wirtschaftsforschung in Essen, tritt in den Medien regelmäßig als Experte auf, wenn es beispielsweise gegen das Erneuerbare-Energien-Gesetz und dessen Förderung für Solarstrom geht. Wir haben Manuel Frondel angerufen und nach den Details seiner Rechnung gefragt. Leider hat er die im Gespräch gefallenen Zitate hinterher nicht zur Veröffentlichung freigegeben, weshalb wir seine Antworten nur in indirekter Rede wiedergeben dürfen: Klar, er habe die Zahl bloß überschlägig ermittelt, so Frondel, nämlich indem er die Differenz der Erzeugungskosten von Atom- und Kohlestrom – ca. zwei Cent pro Kilowattstunde – mit der Menge des im vergangenen Jahr hierzulande erzeugten Atomstroms (140 Milliarden kWh) multiplizierte und über 20 Jahre aufaddierte. Und in der Tat, räumt Frondel ein, haben die Erzeugungskosten erst mal nichts mit dem Endpreis des Stroms zu tun. **Die errechnete Ersparnis fällt also bei den Stromkonzernen an, und natürlich müssten die ihre Ersparnisse nicht an die Verbraucher weitergeben.** Etwas anderes habe er aber auch nie gesagt.

Die *Bild*-Zeitung allerdings zitierte ihn mit der Aussage, durch die Verschiebung des Atomausstiegs blieben »uns« Kosten von 50 Milliarden Euro erspart. Wieso sagt Frondel »wir«, wenn es erst mal nur um Einsparungen seitens der Energieerzeuger geht? Vielleicht, weil sein Institut mit der Energiewirtschaft verbändelt ist? Weil der langjährige Präsident der Gesellschaft der Freunde und Förderer des RWI e.V. Dietmar Kuhnt heißt? Jener Dietmar Kuhnt, der vorher Vorstandschef des Akw-Betreibers RWE war?

P.S.: Einer der »Wahrheit«-Autoren ist Oliver Santen. Für die Kollegen von BILDblog ist der *Bild*-Wirtschaftschef, einst Pressesprecher bei der Allianz AG, ein schlechter alter Bekannter: Schon öfter sei Santen als »Mikrofonhalter« für »Kuschelgespräche« mit Wirtschaftsbossen aufgefallen.

> Siehe u. a.: www.bildblog.de/2618/das-santenmaennchen-ist-da/

ENERGIE

BKW
Hocheffizient übertreiben

Das Adjektiv »effizient« stammt vom lateinischen »efficiens« ab, und es bedeutet laut Duden erst mal nur »bewirkend«. In der Umgangssprache nennt man etwas »effizient«, wenn es wirtschaftlich ist, wenn Aufwand und Nutzen also in einem vorteilhaften Verhältnis stehen. Im niedersächsischen Dörpen hat die Bernische Kraftwerke AG (BKW), einer der größten Energieversorger der Schweiz, den Neubau eines Kohlekraftwerkes mit 900 Megawatt (MW) Leistung beantragt – und dagegen regt sich massiver Widerstand. In der örtlichen *Ems-Zeitung* schaltete der Investor deshalb große Annoncen, darin versprach er beispielsweise:

> **Das Kraftwerk ist eine Investition in die Zukunft der Region.** Bau und Betrieb werden zusätzliche Arbeitsplätze schaffen. Gleichzeitig wird das Kraftwerk einen wichtigen Beitrag zur umweltverträglichen Energiegewinnung und einer langfristig wettbewerbsfähigen Stromversorgung leisten.

Umweltverträglich? Laut der Website, die BKW für sein Dörpener Projekt ins Internet gestellt hat, soll die Anlage pro Jahr mehr als 4,5 Millionen Tonnen Kohlendioxid ausstoßen. Trotzdem heißt es in der Anzeige weiter, man habe vor,

> bis zum Jahr 2015 ein hocheffizientes Steinkohlekraftwerk zu errichten.

Hocheffizient? Das klingt prima. Doch eine Nachfrage beim Investor ergibt, dass der (elektrische) Wirkungsgrad der Anlage bei lediglich 46 Prozent liegen werde – das ist heutzutage bei neuen Kohlekraftwerken schlicht Stand der Technik. Und bedeutet im Klartext, dass **weniger als die Hälfte der in der zugeführten Kohle enthaltenen »Primärenergie« in Strom umgewandelt wird. Die restlichen 54 Prozent verpuffen ungenutzt.**

Der BKW-Sprecher räumt zudem ein, dass der Wirkungsgrad durch den Eigenstrombedarf des Kraftwerks (wofür eine Kapazität von 70 MW eingeplant sei) noch sinken könne. Man wolle aber, dass eine nahe gelegene Papierfabrik einen Teil der anfallenden Wärme abnehme – damit seien dann bis zu 55 Prozent Gesamtwirkungsgrad möglich. Doch ist dies allenfalls ein vages Versprechen. Und die Bezeichnung »hocheffizient« erscheint selbst dann noch reichlich übertrieben. Zwar ist der Begriff rechtlich nicht geschützt. Aber einen Anhaltspunkt gibt die EU-Richtlinie 2004/8/

> Noch vager ist die Aussage auf der Firmenwebsite zur CCS-Technologie: »Aufrüstung des Werks zur CO_2-Abscheidung und Lagerung ist eingeplant, sobald sie verfügbar und wirtschaftlich einsatzfähig ist.« Verfügbar ist die Technik nach Expertenmeinung frühestens 2020 – und rentabel wird sie womöglich niemals sein.

EG: Laut ihrem Artikel 12 gelten Kraft-Wärme-Erzeugungs-Anlagen (die gleichzeitig Strom und Heizenergie produzieren) **als »hocheffizient«, wenn ihr Gesamtwirkungsgrad bei mehr als 70 Prozent liegt.** Moderne Gaskraftwerke erreichen dies spielend (sie kommen bis auf 90 Prozent) – **das Dörpener Kohlekraftwerk aber läge weit darunter.**

»Hocheffizient« ist das Projekt nicht für den Klimaschutz, sondern für die Unternehmensbilanz des Investors – wie all die anderen hierzulande geplanten neuen Kohlekraftwerke auch.

| POLITIK | AUTOS | ENERGIE | FORSCHUNG |

BMW

Klimakiller for Peace

Wenn in Berlin die Filmfestspiele stattfinden, ist regelmäßig die halbe Stadt tapeziert mit dunkelblauen Großplakaten: Eine »Initiative Cinema for Peace«

wirbt damit für ihre alljährlich während der Berlinale stattfindende Gala, zu der Stars und Sternchen anreisen, Leute wie Dustin Hoffman oder Bob Geldof Reden halten und Filme mit einem Preis »für Frieden und Völkerverständigung« ausgezeichnet werden.

Hauptsponsor der Veranstaltung ist BMW, und deshalb darf der Münchner Autokonzern auf allen blau-weißen Plakaten sein weiß-blaues Logo platzieren.

Nun ist BMW in der Vergangenheit nicht durch »saubere Energie« oder besonders klimaschonende Mobilität aufgefallen. Zwar mühen sich die Bayern mittlerweile, ihre Fahrzeuge sparsamer zu machen, und haben inzwischen etwa 20 Modelle mit der Spritsparausstattung »Efficient Dynamics« im Programm. Doch das jahrelange Ignorieren des Klimaproblems bescherte BMW in einer <u>Studie des Brüsseler Umweltdachverbandes European Federation for Transport and Environment</u> zum Kohlendioxidausstoß europäischer Autohersteller den vorletzten Platz.

> Hier als pdf zum Herunterladen:
> www.transportenvironment.org/
> Publications/prep_hand_out/
> lid:481

Des Rätsels Lösung: Mit »CleanEnergy« meint der Konzern gar nicht aktuelle Produkte, sondern seine Wasserstoff-Fahrzeuge. »Es geht um den Schutz unserer Umwelt. Und darum, den drohenden Klimawandel nachhaltig abzuwenden«,

| POLITIK | AUTOS | ENERGIE | FORSCHUNG |

erläutert der Leiter der BMW-Niederlassung Berlin in einer Pressemitteilung zur Berlinale-Gala. »Mit dem BMW Hydrogen 7 haben wir einen maßgeblichen Impuls gesetzt – der Antrieb mit Wasserstoff ist eine dringend erforderliche Alternative im Straßenverkehr der Zukunft.«

Die Betonung liegt hier auf Zukunft, denn trotz 30-jähriger Forschungsarbeit hat BMW die Technologie bis heute nicht über das ~~Vorführ-~~, äh, Versuchsstadium hinausgebracht. Zahlreiche Ankündigungen – zuletzt aus dem Jahr 2006 –, schon ganz, ganz bald werde ein Wasserstoff-BMW lieferbar sein, <u>sind längst vergessen.</u> Mal ganz abgesehen davon, dass Wasserstoff-Autos überhaupt nur dann »clean« sind, wenn der getankte Wasserstoff klimaschonend gewonnen wird – zum Beispiel mittels Solar- oder Windkraft, was aber derzeit noch NICHT der Fall, weil viel zu teuer ist.

> Nein, nicht völlig. In einer Studie des Wissenschaftszentrums Berlin sind BMWs Forschungen und Versprechen (ab S. 26) detailliert aufgeschrieben: http://skylla.wzb.eu/pdf/2004/iii04-101.pdf

Derzeit gibt es exakt einhundert Stück vom »Hydrogen 7«, die BMW zu Test- und Werbezwecken zur Verfügung stellt: Und so kann man auch zur »Cinema for Peace«-Gala wichtige Menschen im »BMW Hydrogen 7« vorfahren sehen. Schöne Bilder.

Auf Nachfrage wollten weder BMW noch die Veranstalter Angaben über die Höhe des finanziellen Engagements des Unternehmens machen. Stattdessen hier noch ein paar besonders schöne Worte aus einer BMW-Pressemitteilung zum Thema: »Schon heute an morgen denken. Dieser Leitgedanke findet sich bei Cinema for Peace wieder – mit dem konsequenten Einsatz für mehr Frieden, mehr Gerechtigkeit, mehr Toleranz und Menschlichkeit, überall auf diesem Erdball. BMW CleanEnergy und Cinema for Peace stellen sich gemeinsam der Verantwortung <u>für eine bessere Umwelt</u>, für eine bessere Gesellschaft.«

Die Aktionsgruppe »The Yes Men« protestierte zur Berlinale 2009 mit einer kurzzeitigen Besetzung des roten Teppichs gegen die Gala – siehe:
www.youtube.com/watch?v=IxyaDtdJJCE

| MEDIEN | ÖLINDUSTRIE | POLITIK | AUTOS |

BP

Nur Peanuts für alternative Energien

Das Buchstabenkürzel des Ölmultis BP stand früher für »British Petroleum«, und das BP-Logo war ein grün-weißes Schild, wie es einst die Ritter trugen.

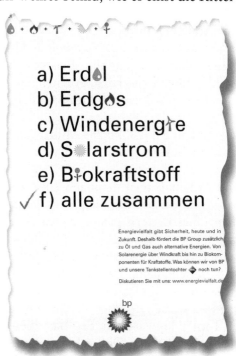

Seit zehn Jahren schreibt sich der Konzern in Kleinbuchstaben »bp«, das Logo ist seitdem ein freundliches grün-gelbes Blümchensymbol, und das Firmenkürzel wird mit »beyond petroleum« übersetzt, zu Deutsch etwa »über Erdöl hinaus«. Entsprechend sieht die groß angelegte Imagekampagne aus, mit der BP in überregionalen Zeitungen und Magazinen wie *Cicero* für sich wirbt. »Energievielfalt gibt Sicherheit, heute und in Zukunft«, heißt es im Text der Annonce. »Deshalb fördert die BP Group zusätzlich zu Öl und Gas auch alternative Energien. Von Solarenergie über Windkraft bis hin zu Biokomponenten für Kraftstoffe. Was können wir von BP und unsere Tankstellentochter Aral noch tun?«

Na ja, uns fiele schon einiges ein: Das Unternehmen könnte seine Werbung zum Beispiel mit aussagekräftigen Zahlen anreichern. Auf der BP-Homepage lassen sie sich mit einiger Mühe finden:

Jahresumsatz von BP (2007): 284 Milliarden Dollar
Jahresumsatz von BP Solar: 0,4 Milliarden Dollar

Erdöl und Erdgas tragen demnach zum weltweiten Konzernumsatz derzeit das Siebenhundertfache der in gleich großen Lettern präsentierten Solarstromsparte bei.

Aber als verantwortungsbewusstes Unternehmen versucht BP doch sicherlich, den klimafreundlichen Energieträgern durch massive Investitionen zu einer Aufholjagd zu verhelfen, oder? In der Tat hat Konzernchef Tony Hayward im Februar 2008 binnen Jahresfrist 1,5 Milliarden Dollar Investitionen in al-

| MEDIEN | **ÖLINDUSTRIE** | POLITIK | AUTOS |

ternative Energien** angekündigt. Das klingt ganz ordentlich, doch laut *Financial Times* entspricht diese Summe mageren **sieben Prozent der Gesamtinvestitionen.** Tatsächlich fällt die Bilanz noch magerer aus: Denn in seiner Konzernsparte »BP Alternative Energy« versammelt der Konzern nicht nur Wind- und Solarkraft, sondern auch noch die zweifelhafte Wasserstoff-Technologie und eine ganze Reihe von Erdgaskraftwerken, zum Beispiel in Spanien, Südkorea, den USA oder Vietnam. **Das Engagement des Ölriesen für Solarenergie oder Windkraft ist also nicht mehr als Peanuts.**

Die *ZEIT* widmete BP im November 2007 einen doppelseitigen Artikel und schaute nach, was hinter dem gepflegten Öko-Image steckt. »Kann ein Ölkonzern ein grünes Unternehmen sein?«, fragten die Autoren und lieferten die Antwort gleich mit: »Nein«. Der Titel ihres Textes lautete: »Grünes Getöse«.

> Siehe Ausgabe 48/07, im Internet unter: www.zeit.de/2007/48/BP

Öl Erdgas Wind Solar Bio

BP pflanzt Energie.

Energievielfalt gibt Sicherheit, heute und in Zukunft. Deshalb fördert die BP Group zusätzlich zu Öl und Gas auch alternative Energien. So haben wir beispielsweise ein Joint Venture gegründet, um die Anpflanzung von Jatropha, einem qualitativ hochwertigen und nachhaltigen Biodiesel-Rohstoff, zu verbessern. Das Gute daran: Jatropha ist ungenießbar und kann auch auf kargen Böden wachsen. So wird die Konkurrenz zum landwirtschaftlichen Anbau von Nahrungsmitteln reduziert. Was können wir von BP und unsere Tankstellentochter noch tun?

Diskutieren Sie mit uns: www.energievielfalt.de

bp

beyond petroleum®

| MEDIEN | ÖLINDUSTRIE | POLITIK | AUTOS |

BP
Jatropha soll das Klima retten

Die Purgiernuss ist ein Strauch aus der Familie der Wolfsmilchgewächse, deren Samen früher auch als Arznei verwendet wurden. Neuerdings wird die Pflanze als Heilmittel ganz anderer Art beworben, zum Beispiel vom Ölkonzern BP in einem Motiv seiner neuen Imagekampagne. *Jatropha curcas*, so der botanische Name, soll das Klima retten. Beziehungsweise die lieb gewonnene Mobilität im eigenen Auto. Beziehungsweise die Zukunft eines Unternehmens wie ~~British Petrol~~ »beyond petroleum«.

»BP pflanzt Energie« verspricht die Firma nun also in Zeitungsannoncen. Man habe, heißt es im Anzeigentext,

> ... beispielsweise ein Joint Venture gegründet, um die Anpflanzung von Jatropha, einem qualitativ hochwertigen und nachhaltigen Biodiesel-Rohstoff, zu verbessern. Das Gute daran: Jatropha ist ungenießbar und kann auch auf kargen Böden wachsen. So wird die Konkurrenz zum landwirtschaftlichen Anbau von Nahrungsmitteln reduziert.

Schon im Sommer 2007 hatte BP angekündigt, man werde rund 160 Millionen US-Dollar in das Projekt investieren. Doch inzwischen spricht sich immer weiter herum, dass der **Klimanutzen von Agro-Treibstoffen oft zweifelhaft** ist und **der großflächige Anbau von Energiepflanzen zu einer weltweiten Nahrungsmittelknappheit beitragen könnte**. Genau deshalb wird die Purgiernuss neuerdings von vielen Konzernen so sehr gepriesen.

Es lohnt sich – wie so oft –, den Werbetext ganz genau zu lesen: Jatropha »kann auch auf kargen Böden wachsen«, heißt es da zutreffend – und das Wörtchen »kann« ist sehr wichtig. Die Konkurrenz zur Lebensmittelproduktion werde »reduziert«. Ja, genau, mehr aber eben auch nicht. Längst nämlich häufen sich Berichte, dass in Afrika der beginnende Jatropha-Boom Bauern von angestammtem Land vertreibe und den Wassermangel verstärke. Auch in Indien verlören dörfliche Gemeinschaften wichtige Weidegründe, <u>berichtet etwa Amnesty International.</u>

Das Schweizer *ai-Magazin* widmete dem Thema im September 2008 fast ein ganzes Heft (www.amnesty.ch/de/aktuell/magazin/55). Jatropha-Plantagen würden auf Kinderarbeit basieren, warnt darin etwa ein Ökonom aus Mali. Die Verdrängung der Bauern beschreibt er so: »In Afrika gibt es vielerorts ein Raumplanungssystem. Wenn nun Gemeindeland in Industrieland umgezont wird, sind Grundstücke von Bauern plötzlich von lauter Grundstücken umgeben, die Unternehmen zugesprochen wurden. Diese Unternehmen erheben dann zum Beispiel Abgaben für die Nutzung ›ihrer‹ Wasserquellen. So werden Bauern gezwungen, das Wasser für den täglichen Bedarf zu bezahlen, und sobald sie die finanziellen Mittel dazu nicht mehr haben, werden sie enteignet oder müssen ihre Grundstücke verkaufen.«

| MEDIEN | **ÖLINDUSTRIE** | POLITIK | AUTOS |

»Die entzauberte Nuss«, überschrieb die Schweizer Wochenzeitung *WoZ* im Februar 2008 eine Analyse der Vor- und Nachteile des Jatropha-Anbaus. **Der hohe Energieaufwand für Kunstdünger zum Beispiel und für die spätere Weiterverarbeitung der Nuss schlage bei der Klimabilanz negativ zu Buche.** »Man muss Jatropha als eine Pflanze für lokale Anwendungen im Kleinen sehen, für Lampenöle, Seifen und Ähnliches. Da ist sie sehr sinnvoll«, wird eine Wissenschaftlerin zitiert. »Aber im großtechnischen Maßstab kann es schnell in eine ungewollte Richtung gehen.« **Profitable Plantagen würden nämlich am Ende wohl doch wieder auf fruchtbaren Böden angelegt und damit Nahrungspflanzen verdrängen.** Ob Jatropha wirklich ein »nachhaltiger Biodiesel-Rohstoff« ist, wie BP behauptet, lässt sich allenfalls am Einzelfall beurteilen. Wirklich nachhaltig wäre es, den Energiehunger der Industrieländer zu zügeln, statt ihn mit Jatropha aus der Dritten Welt zu befriedigen.

Nicht nur BP, auch Daimler fördert die Erforschung der Purgiernuss. Für den Autokonzern sei dies »eine wichtige Werbeaktion«, zitiert die *WoZ* einen der beteiligten Wissenschaftler. Im Auftrag des Autokonzerns hat das Heidelberger IFEU-Institut den großtechnischen Jatropha-Anbau analysiert. Ergebnis: die Risiken seien erheblich, das untersuchte Projekt in Indien könne »deutlich optimiert werden«. Eindeutig beantworten die Experten, wo Jatropha-Biodiesel den **größten Nutzen fürs Klima**

www.ifeu.de/index.php?bereich=lan&seite=jatropha

bringt: **wenn man mit der Purgiernuss kohlebefeuerte Kraftwerke überflüssig macht oder aber schwefelhaltigen Diesel ersetzt, der außerhalb Europas noch vielerorts üblich ist.** Blöderweise eignet sich beides nicht recht für Werbekampagnen von BP oder Daimler.

| MEDIEN | ÖLINDUSTRIE | POLITIK | AUTOS |

BP

Grünes Getöse in der Schule

»Schon seit mehr als 35 Jahren« engagiert sich BP nach eigenem Bekunden an Schulen – seit 2005 auch an 19 deutschen Schulen in Bochum, Gelsenkirchen und Hamburg. Unter dem Titel »Klima & Co.« stellt der Ölmulti <u>Unterrichtsmaterial für die 8. bis 10. Klasse zur Verfügung.</u>
»Es geht darum, die Fakten zu kennen«, wird auf der BP-Homepage das Ziel dieser Aktion erklärt.

> Auf eine ähnliche Idee ist der Kohleriese Vattenfall mit seiner »Klimaakademie« gekommen.

»Niemand kann richtige Entscheidungen über den Klimawandel treffen, wenn man nicht die richtigen Informationen hat.«

Das ist wohl wahr. Aber ob ausgerechnet ein Unternehmen der richtige Wissensvermittler ist, das vor allem am Verkauf von Energieträgern verdient, bei deren Verbrennung <u>hunderte Millionen Tonnen Kohlendioxid pro Jahr entstehen?</u> Beim Klick auf die Rubrik »Was können wir gegen CO_2-Emissionen tun?« reibt man sich denn auch die Augen.

> Und das in den vergangenen Jahren seine CO_2-Bilanz am stärksten durch eine »kreative« Änderung der Bilanzierungsmethoden verbessert hat –
> www.timesonline.co.uk/tol/news/uk/article1563939.ece

Dort steht:

> ...Ideal wäre es, wenn wir die CO₂-Emissionen auf ihrem derzeitigen Stand stabilisieren könnten.

Das aber wäre alles andere als ideal. Wie die Experten (und Friedensnobelpreisträger) vom Weltklimarat IPCC in ihren tausendseitigen Berichten vorrechnen, **muss der weltweite Ausstoß bis 2050 drastisch sinken,** damit die Erderwärmung auf gerade noch beherrschbare zwei Grad Celsius begrenzt werden kann. Für die Industrieländer bedeutet das eine Minderung um etwa 80 Prozent.

Die BP-Homepage besticht durch hübsche Grafiken und bewegte Bilder – und jubelt den Schülern so zweifelhafte Lösungen des Klimaproblems unter: Erdgas und Wasserstoff beispielsweise firmieren bei BP unter »alternative Energien«, in der Liste fehlt dagegen die Wasserkraft. Und das BP-erklär-Filmchen zur Wasserstoffgewinnung aus Kohle, Erdöl oder Erdgas verschweigt, dass die dargestellten Verfahren sehr energieaufwendig sind. Und dass die als selbstverständlich dargestellte Möglichkeit, das dabei anfallende Kohlendioxid abzutrennen und »langfristig« unterirdisch zu lagern, gerade erst das Forschungsstadium erreicht hat.

> Eine BP-Pilotanlage im schottischen Peterhead wurde übrigens im Sommer 2007 ad acta gelegt – weil sie dem Konzern zu teuer war und die Subventionen, die man von der britischen Regierung gefordert hatte, nicht flossen.

Geradezu grotesk wird es, wenn BP den Schülern »Möglichkeiten zur CO₂-Reduktion« vorstellt. Auch an dieser Stelle taucht wieder Wasserstoff auf (das Foto zeigt einen BMW CleanEnergy und erwähnt natürlich nicht, dass es sich dabei nur um ein Testfahrzeug handelt). Dann wird die »Abholung von gelben Tonnen« gezeigt (was möglicherweise mit Müllrecycling zu tun hat, aber allenfalls sehr indirekt mit Klimaschutz). Und schließlich – illustriert mit einem Handschlag zweier Anzugträger und absolut inhaltsleer – eine »Übereinkunft/Verpflichtung«.

> Vielleicht arbeitet BP ja insgeheim an gelben Tonnen, in denen man Kohlendioxid sammeln kann?

Ah, ja. Händchen halten für den Klimaschutz. **Dinge wie den Wechsel zu einem Ökostrom-Anbieter, eine verbesserte Wärmedämmung von Gebäuden oder gar das Vermeiden von Autofahrten und Flugreisen – all das kennt BP nicht als »Möglichkeiten zur CO₂-Reduktion«.**

Überhaupt ist das Interessanteste, was BP in seinem Schulmaterial alles *nicht* erwähnt: Kein Wort findet sich über die Pläne, Pipelines durch Nationalparks und Naturschutzgebiete zu legen, keines über Ölteppiche infolge rostiger Rohrleitungen oder von Explosionen in Raffinerien – aber das hat ja auch nichts mit

| LUFTFAHRT | MEDIEN | ÖLINDUSTRIE | POLITIK |

dem Klimawandel zu tun. Die wissbegierige Schülerschaft erfährt aber auch nichts vom Einstieg des Unternehmens in die Ausbeutung von Ölsand-Vorkommen in der kanadischen Provinz Alberta Ende 2007. Und nichts davon, dass diese besonders energie- und CO_2-intensive, schmutzige und umweltschädliche Art der Ölförderung laut einer Studie des WWF das Risiko gefährlicher Klimaänderungen »signifikant« erhöhe.

Jedenfalls erfährt man es nicht aus dem BP-Schulmaterial.

… sondern zum Beispiel hier: www.spiegel.de/wissenschaft/mensch/0,1518,522397,00.html
oder auch hier:
http://assets.panda.org/downloads/unconventional_oil_final_lowres.pdf

| AUTOS | ENERGIE | FORSCHUNG | KONSUM |

Braunkohleverband

www.braunkohle-halbwissen.de

Rummmms! Die Kohlelobby meldet sich zu Wort. Und wie! Im *SPIEGEL*, auf *Spiegel Online*, in der *Süddeutschen Zeitung*, der *ZEIT* und etlichen anderen Medien brüllten einen monatelang Anzeigen des Deutschen Braunkohlen-Industrie-Vereins – kurz: Debriv – an (interessanterweise meist im Politik- und nicht im Wirtschafts-Ressort).

Mit Millionenaufwand – allein eine Doppelseite im *SPIEGEL* kostet knapp einhunderttausend Euro – versucht die Braunkohlelobby, ihr Image aufzupolieren. Das hat sie auch nötig. Denn Braunkohle ist wegen der Förderung im Tagebau nicht nur extrem landschaftszerstörend, sondern auch ein lausiger Brennstoff: Der Heizwert ist niedrig, der Wassergehalt

| LUFTFAHRT | MEDIEN | ÖLINDUSTRIE | POLITIK |

hoch. **Kein Energieträger verursacht bei der Stromerzeugung so viel Kohlendioxid wie Braunkohle.**

Bis zu 1200 Gramm CO_2 werden in deutschen Braunkohlekraftwerken pro erzeugter Kilowattstunde Elektrizität ausgestoßen. **Die Anlagen von RWE und Vattenfall in Brandenburg und Nordrhein-Westfalen – in Niederaußem, Jänschwalde, Frimmersdorf, Weisweiler und Neurath – gehören zu den zehn klimaschädlichsten Kraftwerken in ganz Europa.** Selbst modernste Braunkohleanlagen setzen noch etwa 800 Gramm Kohlendioxid pro kWh frei – mehr als das Doppelte von Erdgas-Kraftwerken und ein Vielfaches von Wind- und Solaranlagen. Neue Braunkohlekraftwerke sind so dreckig, dass die Kurve des CO_2-Ausstoßes der gesamten deutschen Energiebranche nach oben ausschlägt, sobald auch nur ein neues ans Netz geht.

> Der WWF hat eine interaktive Karte der dreckigsten deutschen Kraftwerke ins Netz gestellt:
> www.wwf.de/fileadmin/fm-wwf/filme/CO2-karte-2007-014-mx.swf

> Laut einer Studie des Umweltbundesamtes trieb die Inbetriebnahme zweier neuer Braunkohleblöcke in den Vattenfall-Kraftwerken Boxberg und Lippendorf in den Jahren 2000 und 2001 den Durchschnittswert für den CO_2-Ausstoß *aller* deutschen Stromerzeugungsanlagen um 16 Gramm pro Kilowattstunde nach oben. Erst der starke Ausbau der erneuerbaren Energien ließ in den Folgejahren den Wert wieder sinken – www.umweltdaten.de/publikationen/fpdf-l/3195.pdf, S. 3 bzw. 5.

All das erwähnt die Braunkohlelobby natürlich mit keinem Wort. Stattdessen interviewt sie für ihre Werbekampagne ihr genehme »Energieexperten«, und mit den Protokollen der Gespräche druckt sie dann ihre Anzeigen voll – wohl in der Hoffnung, dass das seriös aussieht und den gesamten Text sowieso niemand liest. In der ersten Annonce nämlich spricht der interviewte Prof. Achim Bachem relativ vorsichtig von einem notwendigen Mix der Energieträger, er fordert sogar explizit effizientere Kraftwerke und mehr erneuerbare Energien. **Der von der Debriv so brachial herausgehobene Satz »Die Abschaffung von Kohlekraftwerken zu fordern, ist nicht sinnvoll« aber, der findet sich in dem gesamten Gespräch nicht.** In der zweiten Anzeige der Kampagne schwadroniert ein »Prof. Dr.-Ing. Dr. h. c. mult. F. W. Wellmer« sehr ausführlich – und durchaus zutreffend – von der Endlichkeit aller Bodenschätze. Was das mit der deutschen Braunkohle zu tun haben soll, erschließt sich erst auf den dritten Blick.

Was die Braunkohlelobby mit ihrer Kampagne der Öffentlichkeit eintrichtern möchte, ist die Notwendigkeit eines »gesunden Mixes«: Deutschland brauche für die Versorgungssicherheit viele Energiequellen – und eben auch die Braunkohle. Streng genommen ließe sich dieses Argument sogar umdrehen: Denn **kein Land der Welt setzt so sehr auf die Braunkohle wie Deutschland, nirgendwo wird mehr von diesem Klimakiller aus der Erde geholt und verfeuert als in Deutschland.** »Auf dem Gebiet des heutigen Deutschlands«, stellt die Bundesanstalt für Geowissenschaften und Rohstoffe nüchtern fest, »wird seit 1920 ununterbrochen die weltweit größte Jahresproduktion an Weichbraunkohle erbracht.« Zugunsten einer wirklichen Ausgewogenheit, könnte man also ar-

> Unter Klimatologen ist diese (dem Bundeswirtschaftsministerium unterstehende) Behörde ansonsten vor allem für verharmlosende und wissenschaftlich zweifelhafte Stellungnahmen zur Erderwärmung bekannt. –
> www.taz.de/index.php?id=archivseite&dig=2007/01/29/a0169

gumentieren, müsse der Braunkohleanteil an der deutschen Stromversorgung reduziert werden. Wie dem auch sei: Die Braunkohle bleibt bis Mitte des Jahrtausends ohnehin ein wichtiger Teil des deutschen Strommixes – denn die bereits existierenden Kraftwerke haben Laufzeiten von etwa 40 Jahren, und in Boxberg (Sachsen) und Neurath (Nordrhein-Westfalen) werden derzeit sogar noch zwei neue errichtet.

> Es ist daher Humbug, wenn irgendwer argumentiert, ein Industrieland könne doch nicht zugleich aus der Atomkraft und aus der Kohle aussteigen. Umweltschützer fordern allenfalls einen Baustopp weiterer Kohleblöcke.

Als Teil seiner PR-Offensive hat der Debriv zwei Internetportale gestartet. Das eine heißt www.braunkohle-wissen.de – einen Punkt »Klima« sucht man dort natürlich vergebens. Stattdessen **wird die gestiegene Effizienz neuer Kohlekraftwerke gelobt – und verschwiegen, dass sie nur um wenige Prozentpunkte zugenommen hat und nach wie vor viel schlechter ist als die Effizienz von Gaskraftwerken. Dort werden CO_2-freie Kohlekraftwerke versprochen – die aber bislang in weiter, weiter Ferne liegen.**

Das andere Portal drückt sich noch kunstvoller um das ungeliebte Thema: Auf www.braunkohle-forum.de gibt es ein lexikalisches Glossar. Von A wie »Abbau« (»planmäßige Gewinnung mineralischer Rohstoffe«) bis Z wie »Zwischenmittel« (»Abraumschicht zwischen zwei Flözen oder im Flöz«) erfährt man dort fast alles rund um die Braunkohle – nur wiederum nichts zu dessen Klimabilanz. Unter »K« findet sich lediglich dieser Text zu Kohlendioxid:

> *KOHLENDIOXID (CO2)*
>
> *Kohlendioxid ist ein Produkt des Kohlenstoffs. Es entsteht bei vielen natürlichen Prozessen, wird aber auch bei der Verbrennung fossiler Energieträger frei. CO2 ist ein natürlicher Bestandteil der Atmosphäre mit einem Anteil von knapp 0,04 Prozent. Zusammen mit anderen Treibhausgasen (z.B. Methan) verhindert es, dass zu viel Wärme in den Weltraum zurückstrahlt, und sorgt somit für die zum Leben notwendigen Temperaturen auf der Erde.*

»Danke!«, möchte man da fast den Braunkohle-Kraftwerken zurufen und bitten, durch die Produktion von möglichst viel Kohlendioxid für noch angenehmere Temperaturen auf der Erde zu sorgen. Kein Wort davon, dass das bei natürlichen Prozessen entstehende CO_2 Teil eines Kreislaufs ist und deshalb eben kein Problem fürs Klima. Und dass der Kohlendioxid-Anteil in der Atmosphäre seit Jahrzehnten dramatisch steigt. **Da fällt es fast schon nicht mehr ins Gewicht, dass der hier angegebene Wert für die Kohlendioxid-Konzentration schlicht falsch ist (er liegt längst über 380 ppm, also 0,038 Prozent).**

Schauen wir zum Schluss noch kurz ins Impressum des Internetportals. Dort heißt es:

> *Der DEBRIV bemüht sich im Rahmen des Zumutbaren, auf dieser Website richtige und vollständige Informationen zur Verfügung zu stellen. Weder der DEBRIV noch die auf dieser Website genannten Gesellschaften und Personen jedoch übernehmen irgendeine Haftung oder Garantie für die Aktualität, Richtigkeit und Vollständigkeit der auf dieser Website bereitgestellten Informationen.*

Etwas anderes hätte uns auch gewundert.

Braunkohleverband

Das Märchen von der sauberen Kohle

In Woche 3 seiner großen Braunkohle-»Grünwasch«-Kampagne gab der Deutsche Braunkohlen-Industrie-Verein (Debriv) endlich zu: Er erzählt Märchen.

Georg Erdmann, Professor an der TU Berlin, trat in der Annonce auf. Darin wurde, wie schon in den vorherigen Anzeigen, geschickt mit Zahlen und Fakten jongliert – und es blieb unklar, ob dies der Professor tat oder die Werber von der Debriv. In dem beispielsweise auf einer halben *ZEIT*-Seite (Listenpreis: 28 997,76 Euro plus MwSt.) veröffentlichten Anzeigentext stand – schlicht wahrheitswidrig –, »alle Experten« seien sich einig, dass ohne neue Braunkohlekraftwerke eine Stromlücke in Deutschland drohe.

In der Internetfassung des Erdmann-Textes dagegen hieß es vorsichtiger, dies sei nur die »Ansicht der meisten Experten«.

Gleich am Anfang des Textes forderte die Anzeige ein »großes Forschungsprogramm für eine CO_2-neutrale Nutzung von Kohle« – dabei gibt es das schon. Die Förderung der umstrittenen CCS-Technologie (Carbon Capture and Storage – Abscheidung und unterirdische Lagerung von Kohlendioxid) ist längst ein Schwerpunkt der Energieforschungsprogramme des Bundeswirtschaftsministeriums. Die EU fördert die Forschung seit 2007 mit 500 Millionen Euro, die Europäische Investitionsbank stellt sogar eine Milliarde bereit. Trotz aller Anstrengungen aber wird CCS voraussichtlich nicht vor 2020 großtechnisch einsatzfähig sein – wenn überhaupt. Und ob die Technologie rentabel sein wird, ist noch unsicherer. Die neuen Kohlekraftwerke, um die RWE, Vattenfall & Co. derzeit verbissen kämpfen, werden jedenfalls ohne jede CO_2-Abscheidung gebaut. Und mit ihrem riesigen Kohlendioxidausstoß die deutsche Klimabilanz noch über Jahrzehnte vermiesen.

> Auch das ist noch verkehrt, siehe S. 111 und S. 153.

> Einen Überblick bietet dieser Regierungsbericht: www.bmbf.de/pub/CCS-Kab-Bericht_BMWi_BMU_BMBF.pdf. Aber all das dürfte niemandem besser bekannt sein als der Kohlelobby.

»Wer weiß«, schließt die Anzeige, »vielleicht wird aus unserem Aschenputtel ›Braunkohle‹ eines Tages die strahlende Partnerin in einem neuen, nachhaltigen Energiesystem.« Ja, wer weiß, vielleicht ist die Erde auch eine Scheibe.

| AUTOS | ENERGIE | FORSCHUNG | KONSUM |

Braunkohleverband

Ein »missbrauchter« Kronzeuge

Ein einziges Mal ist in der Anzeigenserie der Braunkohlelobby Debriv bisher ein Experte aufgetreten, der in der Klimaszene wirklich einen Namen hat, nämlich Professor Robert Socolow von der US-Universität Princeton. Und dann ging es gleich daneben … Aber der Reihe nach.

Am 31. März 2008 erschien im *Spiegel* eine doppelseitige Annonce:

Darin trat Robert Socolow auf, der Autor eines der Klassiker der klimapolitischen Literatur: In einem Artikel im Magazin *Science* hatte er im Jahre 2004 als einer der ersten Experten überhaupt ein detailliertes

Szenario für Klimaschutz-Maßnahmen entworfen. Er zerlegte darin die gigantische Menge der weltweit einzusparenden Treibhausgase in kleine Portiönchen (die er »wedges« nannte, zu Deutsch: »Keile«). Für jede Portion benannte er eine konkrete technische Option, beispielsweise die Einführung von Vier-Liter-Autos, die Verringerung des Stromverbrauchs aller Haushalte um ein Viertel oder den Ersatz von 1400 großen Kohlekraftwerken durch effiziente Gaskraftwerke. Egal was man von den einzelnen Maßnahmen hielt – im Ergebnis wurde dadurch die schier überwältigende Aufgabe überhaupt erst konkret fassbar. Und die Vorstellung vermittelt, dass Klimaschutz sehr wohl möglich ist, ohne dass gleich Wirtschaft oder Gesellschaft zusammenbrechen, wie es viele Lobbyisten so gern behaupten.

Deshalb war es verwunderlich, dass ausgerechnet Socolow sich für eine PR-Kampagne der deutschen Braunkohlelobby einspannen lässt. Rechts unten in der Annonce hieß es:

> Aufgezeichnet nach einem Gespräch mit Prof. Dr. Robert Socolow.

Wir baten gleich nach Erscheinen der Anzeige Robert Socolow um ein Interview dazu. Da reagierte der Professor überrascht und sagte: »**Ich wurde nicht von der deutschen Kohle-Industrie interviewt.**« Er habe nur mit einem Schweizer Wissenschaftsjournalisten gesprochen, der für die *Neue Zürcher Zeitung* arbeitet. Und tatsächlich war der Text der Debriv-Anzeige über weite Strecken eine bloße Wiedergabe von

Socolows auch schon auf Deutsch veröffentlichten Thesen: Als eine Option zur Senkung des weltweiten CO_2-Ausstoßes nennt Socolow stets auch die »Installation von Systemen zur CO_2-Abtrennung und -Speicherung (Carbon Capture and Storage, CCS) bei 800 großen Kohlekraftwerken«. Vor allem deswegen hat die Braunkohlelobby ihn wohl als Experten für die Anzeigenserie ausgesucht, denn auf der CCS-Technologie ruht all ihre Hoffnung, auch künftig trotz Klimawandel noch Kraftwerke betreiben zu können. Der Haken: CCS wird, wie erwähnt, frühestens im Jahr 2020 großtechnisch einsatzfähig (und möglicherweise niemals rentabel) sein. Von den <u>zwei Dutzend neuen Kohlekraftwerken, die derzeit in Deutschland im Bau oder in Planung sind,</u> wird nicht ein einziges mit CCS ausgerüstet sein.

> Der Bund für Umwelt- und Naturschutz (BUND) beispielsweise hat sie im Netz zusammengestellt: www.bund.net/bundnet/themen_und_projekte/klima_energie/kohlekraftwerke_stoppen/geplante_standorte/

Auf unsere Nachfrage sagte Robert Socolow denn auch explizit: »**Nein, ich unterstütze den Bau neuer Kohlekraftwerke nicht, wenn sie keine CO_2-Abscheidetechnik besitzen und es keinen verlässlichen Plan zur Lagerung des Kohlendioxids gibt.**« Das **Gespräch,** das er mit dem Schweizer Journalisten geführt hatte, so Socolow, wurde »**offenbar missbraucht**«.

Wenige Tage nachdem wir auf unserem Internetblog über den Fall berichtet hatten, erschien in der *ZEIT* dieselbe Anzeige wie zuvor im *Spiegel.* Dieselbe? Moment! Hier ein Ausriss aus der Annonce vom Montag jener Woche:

...fos... ...rke. Wenn die USA, China, Indien und andere Länder ihre Kraftwerkparks aufstocken, könnten sich die weltweiten CO_2-Emissionen bereits innerhalb der nächsten Jahrzehnte verdoppeln. Um dieses Szenario zu vermeiden, sind intensive Anstrengungen erforderlich. Kohlekraftwerke ließen sich z. B. schon heute durch effizientere Anlagen ersetzen und in Zukunft mit Systemen für die Abtrennung von Kohlendioxid ausrüsten. D...

Und das ist ein Ausriss vom darauffolgenden Donnerstag:

...nerhalb der nächsten... ...n. Um dieses Szenario zu vermeiden, sind intensive Anstrengungen erforderlich, damit Kohlekraftwerke mit Systemen für die Abtrennung von Kohlendioxid ausgerüstet werden. D...

Das Plädoyer für den Bau neuer Kohlekraftwerke (im Lobbyisten-Neusprech: »effizientere Anlagen«) war plötzlich verschwunden. Und auch auf der Internetseite zur PR-Kampagne fand sich eine – stillschweigend – geänderte Fassung des Anzeigentextes.

Noch ein paar Tage später erhielten wir die mehrfach erbetene Stellungnahme des Debriv-Sprechers. Er sagte, die ursprünglich erschienene Anzeige sei von dem beauftragten Schweizer Journalisten sehr wohl mit einer Assistentin Socolows abgestimmt worden. Auch habe man dabei »deutlich gemacht«, dass der Text in einer »Informationskampagne« verwendet werden solle. Dass die Auftraggeber dieser

| LUFTFAHRT | MEDIEN | ÖLINDUSTRIE | POLITIK |

Kampagne aber den Neubau von Kohlekraftwerken in Deutschland propagieren, so Socolow uns gegenüber, war im fernen Princeton niemandem klar.

»In jedem Fall akzeptieren wir die persönliche Meinung von Prof. Socolow, <u>die wir unverfälscht wiedergeben wollen</u>«, versicherte der Debriv-Mann »mit freundlichen Grüßen und Glückauf«. Deshalb habe man auch »Präzisierungswünsche« der »unter Umständen missverständlichen Aussage über die CCS-Fähigkeit neuer Kohlekraftwerke« übernommen.

Offenbar enthielt aber auch die in der ZEIT abgedruckte Annonce noch nicht die wirkliche Meinung von Prof. Socolow. Klickt man nämlich heute auf die Internetseite des Debriv und schaut sich das Anzeigenmotiv an, dann gibt es plötzlich noch eine dritte Fassung des Textes, und sie unterscheidet sich deutlich von den beiden vorherigen.

Nun sagt Socolow, aus Klimaschutzgründen …

> Blickfang der Annonce war ein Zitat des unfreiwilligen Kronzeugen Socolow, das Klimaproblem lasse sich »nur in Etappen bezwingen«. Dies ist zwar korrekt wiedergegeben, doch wer Socolows Arbeiten kennt, der weiß, dass er mit der Metapher sagen will: Man solle große Aufgaben in kleine Stücke zerlegen, und jeder Wirtschaftszweig habe seinen Beitrag zur Minderung des Treibhausgas-Ausstoßes zu erbringen. In der Debriv-Anzeige aber klingt das Zitat, als könne man bestimmte Sachen auch später noch angehen …

| AUTOS | ENERGIE | FORSCHUNG | KONSUM |

> dürfen wir keine neuen Kohlekraftwerke bauen, die den früheren gleichen. Erforderlich sind Anlagen, die nahezu das gesamte CO_2 abtrennen, um es abzulagern. Wir können mit dem Bau solcher Anlagen jetzt beginnen und durch Erfahrung lernen, wie sich die Zusatzkosten vermindern lassen. In der Zwischenzeit können wir intensive Anstrengungen unternehmen, um die Nachfrage nach Elektrizität zu senken, und zwar durch eine Politik, die Investitionen in effizientere Energieanwendungen wie Beleuchtung oder Motoren anregt. Eine erfolgreiche Förderung der Effizienz bei der Energienutzung würde es ermöglichen, weit weniger neue Kohlekraftwerke (mit CO_2-Abtrennung und Lagerung) zu bauen und eine steigende Zahl alter Kohlekraftwerke außer Betrieb zu nehmen.

Hoppla! Dass hätte man doch gern auf einer Doppelseite im *Spiegel* gelesen, die von der Braunkohle-Industrie bezahlt wurde.

Schon wieder Braunkohleverband

Dreckige Jobs hochgerechnet

»ARBEITSPLÄTZE!!!« – kein Argument ist in der Politik so beliebt wie dieses. Für alles und von jedem ist dieses Argument schon ins Feld geführt worden. Kein Wunder, dass es auch der Deutsche Braunkohlen-Industrie-Verein (Debriv) in seiner Dauerwerbekampagne in Stellung bringt.

Die »große regionalwirtschaftliche Bedeutung« der Braunkohle, dieser »oft vernachlässigte Aspekt«, solle doch bitte »in die Diskussion ... mit einbezogen« werden, wünscht sich in dieser Anzeige Rüdiger Hamm, Professor für Volkswirtschaftslehre an der Hochschule Niederrhein in Mönchengladbach. Die »Braunkohlegewinnung in Deutschland«, heißt es in seinem »Expertenbeitrag«, »sicherte 2007 insgesamt mehr als 50 000 Arbeitsplätze«.

Diese Zahl ist, wie die genaue Lektüre des Textes zeigt, grob hochgestapelt, sorry, -gerechnet. Sie **basiert auf einer Studie, die Hamms Hochschule vor acht Jahren verfasst hat und die ausschließlich das rheinische Braunkohlerevier betrachtet hatte.** <u>Auftraggeber war übrigens die RWE-Tochter Rheinbraun.</u> Die Studie addierte damals zu den etwa 11 000 direkten Braunkohle-Jobs nicht nur Tausende Stellen in Zulieferfirmen, sondern u. a. auch »weitere 4000 Arbeitsplätze in der Stromverteilung«. Doch der Kreis wurde sogar noch großzügiger gezogen: Ein weiterer »Beschäftigungseffekt von 6625 Personen« floss in die Rechnung ein, der »mit der Verausgabung der in der Braunkohleförderung und -verstromung erzielten Einkommen für Deutschland insgesamt« verbunden sei. Zumindest die letzten beiden Kategorien aber **hängen gar nicht wirklich an der Braunkohle:** Denn Stromnetze müssen betrieben werden, egal wie die mit ihnen verteilte Elektrizität erzeugt wird. Und auch die Kaufkraft würde beim Ausstieg aus der Braunkohle kaum verloren gehen – schließlich zahlen auch die Betreiber von Gaskraftwerken

> Doch dies stand weder in der Debriv-Annonce noch in dem Gutachten selbst, das auf der begleitenden Homepage zum Download bereitgestellt wurde, wohl aber in einem Artikel der *Neuß-Grevenbroicher Zeitung* vom 14. April 2000.

oder Windanlagen Gehälter, und deren Arbeiter und Angestellte werden kaum weniger davon ausgeben als heute die Kohlekumpel.

Die in der Annonce herausgestellte Gesamtzahl von »mehr als 50 000 Arbeitsplätzen« stammt ohnehin nicht aus einer wissenschaftlichen Arbeit, sondern vom Debriv selbst, wie das Kleingedruckte am rechten Rand der Grafik auch zugibt.

Ja, man habe die Studie aus Mönchengladbach sowie eine ähnliche Erhebung der Prognos AG für das ostdeutsche Revier ausgewertet und anhand der derzeitigen Zahl der Kohlekumpel »die Beschäftigteneffekte konservativ hochgerechnet und abgerundet«, erläutert Debriv-Sprecher Uwe Maaßen.

Die spannendste Frage aber ist: Wie viel sind 50 000

Arbeitsplätze überhaupt? Relativ wenig, wenn man die Zahl ins Verhältnis setzt: **Bereits im Jahr 2006 boten die erneuerbaren Energien hierzulande Jobs für 236 000 Menschen, mehr als vier Mal so viel wie angeblich die Braunkohle,** so die offizielle Statistik der Bundesregierung. Und weil der Markt weiter boomt, dürfte die Zahl heute bereits weit darüberliegen. Noch ein zweiter Vergleich: Die Erneuerbaren deckten im Jahr 2007 gut 14 Prozent des deutschen Strombedarfs, Braunkohle hatte einen Anteil von 24,5 Prozent, also (noch) fast das Doppelte. **Pro Kilowattstunde erzeugtem Strom bietet die dreckige Kohle also auch noch ziemlich wenige Arbeitsplätze; alternative Energien sind ein viel stärkerer Jobmotor.**

> Sie wurde von Bundesumweltminister Sigmar Gabriel vorgelegt, »im Einvernehmen« übrigens mit seinen CSU-Kollegen Michael Glos und Horst Seehofer: www.bmu.de/erneuerbare_energien/downloads/doc/40342.php

ÖLINDUSTRIE | **POLITIK** | AUTOS | ENERGIE

CDU/CSU
Zahlentricks für die Autolobby

Man sollte meinen, es sei Routine, dass Journalisten Presseerklärungen nachrecherchieren. Doch das Büro des bayerischen Bundestagsabgeordneten Hans-Peter Friedrich war ziemlich perplex, als wir im Februar 2008 mal einer Mitteilung auf den Grund gehen wollten.

Mit dieser Verlautbarung stellte sich der für Verkehr zuständige Vizechef der Unionsfraktion vehement an die Seite des Auto-Branchenverbands VDA, der sich am selben Tag mit zweifelhaften Zahlen als Klimavorreiter präsentiert und die Klimaschutzpläne der EU scharf angegriffen hatte.

»Unbestritten waren die deutschen Automobilhersteller in der Vergangenheit technologisch führend bei der Entwicklung von Fahrzeugtechnik zur Reduktion von Treibhausgasen«, schrieb Friedrich. Das aber ist nicht nur nicht unbestritten, sondern **ziemlich verkehrt.** Zwar sind deutsche Hersteller durchaus innovativ, bloß haben sie ihre Ingenieurskünste in der Vergangenheit für alles Mögliche eingesetzt (z. B. Geschwindigkeit, Leistungssteigerung, Sicherheit) – aber zuallerletzt für die Reduktion des Treibhausgas-Ausstoßes ihrer Autos. Seit Jahren rangieren deshalb deutsche Marken in Klimaschutz-Ranglisten weit hinten.

»Auf diese Weise«, so der Abgeordnete Friedrich weiter, »hat die deutsche Automobilindustrie dazu beigetragen, dass Deutschland das einzige Land in der EU ist, das die CO_2-Emissionen in den zurückliegenden acht Jahren gesenkt hat, und zwar um 20 Mio. Tonnen, die ausschließlich auf den Individualverkehr entfallen.« **Dieser Satz ist nun vollkommen falsch.** Auf unsere Nachfrage, wie man denn zu dieser Aussage komme, verwies Friedrichs Büro an die zuständige Fachreferentin der Unionsfraktion. Diese wiederum bekannte freimütig, sie habe die Zahl ungeprüft aus einem Papier des Bundesverkehrsministeriums übernommen. Auch drei Anrufe bzw. eine Woche später konnte sie die genannten 20 Millionen Tonnen immer noch nicht aufschlüsseln oder durch eine Quelle belegen. Also

> »Ausländische Hersteller strengen sich mehr an«, lautete das Fazit dieser BUND-Studie:
> www.bund.net/fileadmin/bundnet/pdfs/verkehr/autoverkehr/20070200_verkehr_klimafahrtenbuch2_fakten.pdf

fragten wir beim Verkehrsministerium an, wo man ebenfalls einige Tage suchte und dann auf das Umweltbundesamt verwies.

Die UBA-Daten zum Kohlendioxidausstoß im Straßenverkehr zeigen tatsächlich einen Rückgang. Auf die eindrucksvolle Zahl von 20 Millionen Tonnen kommt aber nur, wer den Vergleichszeitraum auf acht Jahre festlegt – also die 2007er Emissionen mit denen von 1999 verglich. Im Jahr 2000 nämlich sank der Kohlendioxidausstoß der deutschen Pkw-Flotte schlagartig – damals trat die rot-grüne Ökosteuer in Kraft. (Und eine ganz große Koalition unter anderem aus CDU/CSU, FDP und *Bild*-Zeitung hatte sie wütend bekämpft.) Doch erstmals seit Jahrzehnten ging dadurch der Benzinabsatz in der Bundesrepublik zurück. Dass seit dem Jahr 2000 der CO_2-Ausstoß durch Pkw weiter leicht sinkt, führen die Experten des Umweltbundesamtes vor allem auf die Zunahme von Autos mit sparsamen Dieselmotoren zurück.

Der Pkw-Bereich, auch das zeigt ein genauer Blick auf die UBA-Daten, ist lediglich für knapp neun Millionen Tonnen CO_2-Reduktion verantwortlich – also für knapp die Hälfte der von Dr. Friedrich gepriesenen Minderung. Viel stärker, nämlich um 13,2 Millionen Tonnen, sanken seit 1999 die Emissionen durch schwere Lkw (über 3,5 t). Die Laster aber kann man nun wirklich nicht dem »Individualverkehr« zurechnen.

Fassen wir zusammen: **Die vom Verkehrsfachmann der Unionsfraktion zum Lob von Audi, BMW & Co. angeführten CO_2-Minderungen stammen erstens nur zu weniger als der Hälfte wirklich von Pkws.**

| INDUSTRIE | **POLITIK** | AUTOS | ENERGIE |

Und zweitens haben sie weniger mit der Innovationskraft der deutschen Autohersteller zu tun als mit der rot-grünen Ökosteuer und dem allgemeinen Trend zu Diesel-Pkw.

»Es wäre fatal«, schließt Hans-Peter Friedrich seine Presseerklärung, »wenn die geplante Verordnung der EU dazu führen würde, dass ausgerechnet der Innovationsfähigkeit der deutschen Automobilhersteller durch eine falsche EU-Politik der Boden entzogen würde.« Es wäre fatal, schließen wir, wenn man Presseerklärungen der CDU/CSU-Fraktion ungeprüft glauben würde.

> Die Lobbyarbeit der deutschen Autobranche zeigte schließlich Wirkung: Auf Druck Deutschlands wurden die EU-Grenzwerte für den künftigen CO_2-Ausstoß von Neuwagen Ende 2008 so sehr verwässert, dass sie Audi, BMW & Co. kaum noch wehtun.

| POLITIK | AUTOS | ENERGIE | FORSCHUNG |

Daimler

Smarte Kohlendioxid-Grafik

Für Mercedes-Benz arbeiten überaus fähige Ingenieure – und ebensolche Werbetexter. Das sieht man beispielsweise an dieser ganzseitigen Anzeige, die im Mai 2008 in der *ZEIT* erschien.

»Advertorial« werden im Werberjargon solche Annoncen genannt, die echten Zeitungsseiten nachempfunden sind. Diese Anzeige sollte den neuen Begriff »TrueBlueSolutions«, unter dem künftig die »Umweltaktivitäten« der Marke firmieren, wohl möglichst seriös vorstellen. »Die Schonung von Ressourcen ist seit Langem ein fester Bestandteil der Produktentwicklung von Mercedes-Benz«, heißt es gleich unter der Überschrift. Am Fuß der Seite werden mit kleinen Fotos »Meilensteine von Mercedes-Benz« in Sachen Umwelt präsentiert, die der große Text auf der Seite dann detailliert ausbreitet.

Blickfang ist ein Foto der neuen C-Klasse, die es neuerdings auch mit »BlueEfficiency«-Maßnahmen gibt – diese senken unter anderem Gewicht und Luftwiderstand und damit auch Kraftstoffverbrauch und Kohlendioxidausstoß. In der Tat ist die neue C-Klasse weniger klimaschädlich als ihre Vorgänger – das sparsamste Modell CDI 200 zum Beispiel stößt nun 135

Gramm Kohlendioxid pro Kilometer aus (vorher: 167 g/km). Die anderen Motorenvarianten aber liegen deutlich darüber, der protzige C 350 kommt beispielsweise auf 237 g/km.

Seine Fortschritte bei der Senkung des Kohlendioxidausstoßes im Laufe der letzten zwölf Jahre illustriert Mercedes-Benz in der Annonce durch diese Grafik:

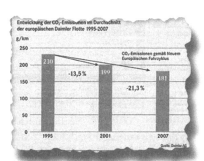

»Das ist ja toll!«, denkt der flüchtige Leser. **Doch von der Selbstverpflichtung der europäischen Autoindustrie von 1998, die für Neuwagen des Jahres 2008 einen Flotten-Durchschnittswert von 140 g/km zugesagt hatte, ist das noch sehr weit entfernt.** Und ein genauer Blick aufs Kleingedruckte macht erst recht stutzig: Die Grafik beziehe sich, verrät die Legende, auf den Durchschnitts-Kohlendioxidausstoß

der europäischen Daimler Flotte

Nanu? Was ist denn damit gemeint? Es brauchte mehrere Tage, rund ein Dutzend Mails und Gespräche mit insgesamt vier Sprechern der Werbeagentur und der Unternehmenszentrale, bis schließlich bestätigt wurde, was wir gleich vermutet hatten: **Nicht in die Grafik eingeflossen sind die Fahrzeuge der zeitweise zu Daimler gehörenden US-Marke Chrysler und deren drastisch höhere CO_2-Werte. Sehr wohl einbezogen wurde aber die zu Daimler gehörende Marke Smart, deren seit 1998 gebaute Stadtflitzer nur relativ wenig Kohlendioxid ausstoßen.** Eine Grafik ausschließlich über den CO_2-Ausstoß der Mercedes-Benz-Flotte würde deshalb deutlich höhere Werte enthalten.

Sehr gern hätten wir an dieser Stelle autorisierte Daten nur für Mercedes-Benz geliefert – denn um diese Marke geht es ja im ganzen Rest der Annonce. (Der »Smart« zum Beispiel wird in dem langen, langen Text nirgends erwähnt.) Doch selbst auf mehrmalige Nachfrage gab Daimler den Wert für Mercedes-Benz nicht heraus. »**Wir möchten die Daten nicht weiter aufdröseln**«, hieß es. Das habe nichts mit Verschleierung zu tun. Man befolge lediglich die einschlägigen EU-Vorschriften und Bräuche der Branche, wonach Flottenwerte nicht für einzelne Marken errechnet würden, sondern stets für Gesamtkonzerne.

Weil der Daimler-Sprecher riet, wir mögen uns diesen Text auch juristisch sehr gut überlegen, betonen wir explizit, dass wir die Grafik in der Annonce keineswegs anzweifeln oder für erlogen halten.

> In Ausgabe 6/08 veröffentlichte das *greenpeace magazin* Werte, die das Hamburger Institut Oekopol aus den Daten des Kraftfahrt-Bundesamtes ermittelte: Demnach lag der durchschnittliche Ausstoß der 2007 hierzulande zugelassenen Fahrzeuge der Marke Mercedes-Benz merklich höher als in der Grafik angegeben, nämlich bei knapp 184 g/km.

P.S.: Zwei Monate, nachdem wir auf unseren Online-Blog über die smarte Mercedes-Grafik berichtet hatten, erschien in der *ZEIT* erneut eine ganzseitige Anzeige zum Thema, in der die Daimler AG erneut die Effizienzfortschritte ihrer Mercedes-Autos herausstellte. Auch diesmal wurde der niedrige Verbrauch der Smart-Baureihen in die Mercedes-Benz-Bilanz hineingerechnet. Doch zumindest wurde es diesmal explizit vermerkt – mit einem kleinen Sternchen.

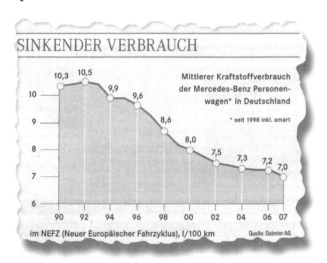

Eine Darstellung der Verbrauchswerte der durch die Annonce beworbenen Mercedes-Benz-Flotte ist das zwar immer noch nicht. Aber immerhin ein kleiner Fortschritt.

| POLITIK | AUTOS | ENERGIE | FORSCHUNG |

Daimler & RWE

Elektro-Autos mit Drecksstrom

Chic sah er aus, der grau-weiße Smart, den Daimler-Chef Dieter Zetsche zusammen mit Jürgen Großmann, dem Vorstandsvorsitzenden von RWE, im Herbst 2008 in Berlin präsentierte. Matthias Wissmann, Chef der Autolobby VDA, war ebenfalls ins feine Grand Hotel Esplanade gekommen. Ach so, die Kanzlerin natürlich auch, denn es gab ja einen wichtigen ~~Foto~~-Termin in Sachen Klima.

Im Laufe des Jahres 2009 soll nämlich in der Hauptstadt ein Projekt namens »e-mobility Berlin« starten, das in den Presseerklärungen der beiden Firmen als **klimafreundlich** und **Beitrag zum Umweltschutz** gepriesen wurde. Hundert Fahrzeuge der Daimler-Marken »Smart« und »Mercedes-Benz« mit Elektroantrieb sollen bis 2010 auf die Straßen kommen, RWE steuert 500 Strom-Zapfsäulen bei.

Solch ein RWE-Elektro-Smart, fragt man sich da natürlich, der hat dann doch sicherlich einen erheblich niedrigeren CO_2-Ausstoß als ein konventioneller Smart, oder?

Rechnen wir doch mal nach: Laut Daimler stößt ein handelsüblicher Smart cdi mit Dieselmotor (Werbeslogan: »CO_2-Champion«) pro gefahrenem Kilometer 88 Gramm Kohlendioxid aus. Die Elektro-Smarts, die seit einigen Monaten bereits in London unterwegs sind, kommen nach Unternehmensangaben mit den 15 Kilowattstunden (kWh) Strom, die die Bordakkus speichern können, etwa 115 Kilometer weit. Pro Kilometer ergibt das einen Verbrauch von etwa 0,13 kWh.

> Wobei allerdings Emissionen bei Ölförderung und -raffinierung nicht mitgerechnet sind.

Elektro-Autos sind zwar »lokal emissionsfrei«; wie klimafreundlich sie aber insgesamt sind, entscheidet sich bei der Erzeugung des »getankten« Stroms. Um beim CO_2-Ausstoß tatsächlich unter dem Smart mit Diesel-Motor zu liegen, dürfte der Strom für

| POLITIK | AUTOS | ENERGIE | FORSCHUNG |

den Elektro-Smart demnach allerhöchstens mit 677 Gramm Kohlendioxid pro kWh zu Buche schlagen (denn 0,13 kWh multipliziert mit 677 Gramm wären exakt die 88 Gramm pro Kilometer, die der Diesel emittiert).

Ergebnis: **Wenn ein Elektro-Smart mit Ökostrom fährt, ist er tatsächlich eine feine Sache fürs Klima.** Selbst mit dem deutschen Durchschnittsstrom, der wegen der zahlreichen Kohlekraftwerke hierzulande ziemlich dreckig ist, wäre er noch ein kleiner Gewinn fürs Klima. Je kWh deutschen Stroms wurden laut Umweltbundesamt im Jahr 2007 gut 600 Gramm CO_2 emittiert – folglich käme ein E-Smart auf etwa 78 g/km Kohlendioxidausstoß.

> Marktführer Lichtblick oder auch Greenpeace Energy geben für ihren Strom 0 g/kWh Kohlendioxid an, die Energiewerke Schönau (EWS) kommen wegen eines höheren Anteils von Strom aus Kraft-Wärme-Kopplungs-Anlagen auf 17 g/kWh.

Daimler zeigt auf seiner Internetseite das Foto eines Elektro-Smart, der vor einem Windrad steht – doch Projektpartner RWE hat im vergangenen Jahr nach eigenen Angaben lediglich 2,4 Prozent seines Stromes aus regenerativen Quellen gewonnen. Dagegen stammte 2007 mehr als ein Drittel des RWE-Stroms aus der besonders klimaschädlichen Braunkohle. Auf Anfrage mochte die Pressestelle nicht verraten, wie viel Kohlendioxid im Unternehmen pro Kilowattstunde anfällt. Der RWE-Geschäftsbericht für 2007 aber enthält alle Daten, um den Wert selbst zu errechnen: Bei 216 Milliarden kWh erzeugtem Strom fielen 187 Millionen Tonnen des Klimagases an – pro Kilowattstunde stieß RWE also 866 Gramm Kohlen-

| FORSCHUNG | KONSUM | LUFTFAHRT | MEDIEN |

dioxid aus. **Ein RWE-Elektro-Smart kommt folglich auf CO$_2$-Emissionen von 113 Gramm pro gefahrenem Kilometer – etwa 30 Prozent mehr als dasselbe Fahrzeug mit Dieselmotor.**

Falls es Daimler ernst meint mit der Senkung des Treibhausgas-Ausstoßes, hätte sich das Unternehmen <u>kaum einen schlechteren Partner für das Projekt »e-mobility Berlin« aussuchen können als RWE.</u> Doch PR-mäßig hat sich die Berliner Veranstaltung für beide Unternehmen gelohnt. Dutzende Medien berichteten. Besonders wohlwollend titelte *Die Welt:* »Daimler und RWE starten Klima-Smart in Berlin«.

> Noch negativer fiele übrigens die CO$_2$-Bilanz des Elektro-Smart aus, würde man nur den Strom berücksichtigen, den RWE in seinem neuen Braunkohlekraftwerk Neurath (Werbeslogan: »Klimavorsorge mit Hightech«) erzeugen wird. Schätzungsweise werden dort 950 g/kWh emittiert (genaue Zahlen möchte das Unternehmen nicht nennen), das ergäbe dann sogar 124 Gramm Kohlendioxid pro gefahrenem Kilometer.

| INDUSTRIE | **POLITIK** | AUTOS | ENERGIE |

Deutsche Energieagentur

E.on und RWE zu Diensten

»… dann gehen die Lichter aus!«, lautete einst das Kampfinstrument der Energiekonzerne gegen den Atomausstieg. Mittlerweile merkt jeder, dass trotz der Abschaltung mehrerer Reaktoren die Stromversorgung hierzulande immer noch sicher ist. Und dass Deutschland heute mehr Strom exportiert als je zuvor. Bei günstigem Wetter liefern Windkraftanlagen heute bereits mehr Elektrizität als alle Akws zusammengenommen – und da sind die anderen erneuerbaren Energiequellen noch gar nicht mitgerechnet.

Nun ist es der wachsende Widerstand gegen neue Kohlekraftwerke, der Stromriesen und ihre Lobbyisten zu **Warnungen vor einer drohenden »Stromlücke«** veranlasst. Der Aufruf von ~~Ex-Bundeswirtschaftsminister~~ RWE-Aufsichtsratsmitglied Wolfgang Clement im Januar 2008, die hessische SPD – deren Energiepolitik er ablehnte – nicht zu wählen,

> Nach Angaben des Konzerns erhält Clement pro Jahr eine »Aufwandsentschädigung« von 20 000 Euro.

war das bisher schrillste Beispiel. Sofern die These vom baldigen Mangel an Kraftwerken überhaupt belegt wird, dann gern mit einer »Kurzanalyse« der halbstaatlichen Deutschen Energieagentur (dena).

| FORSCHUNG | KONSUM | LUFTFAHRT | MEDIEN |

> Die Urfassung der Studie, die im März 2008 für Furore sorgte, nahm die dena kurz danach aus dem Netz. Zum Download gibt es jetzt eine überarbeitete Fassung: www.dena.de/infos/presse/studien-umfragen/

Doch je näher man sich diese anschaut, desto mehr Fragen stellen sich.

Das beginnt schon bei der Form: Die »Kurzanalyse der Kraftwerks- und Netzplanung in Deutschland bis 2020 (mit Ausblick auf 2030)« besteht aus 60 Seiten voller Tabellen, Grafiken und Stichpunktzetteln nach Art einer PowerPoint-Präsentation. Die Schlussfolgerung dieser nahezu unlesbaren Datensammlung füllt gerade einmal anderthalb Seiten – und fällt dafür umso kategorischer aus:

> Bei der 2020 zu erwartenden Stromnachfrage wird die Jahreshöchstlast mit Kraftwerkskapazitäten am Standort Deutschland nicht mehr vollständig gedeckt.

Und weiter: Selbst bei

> Umsetzung des Energieprogramms der Bundesregierung, also bei einem sinkenden Stromverbrauch, wird bereits ab 2012 nicht mehr genügend gesicherte Kraftwerksleistung zur Verfügung stehen, um die Jahreshöchstlast zu decken. Bis 2020 wächst die Differenz zwischen Jahreshöchstlast und gesicherter Kraftwerksleistung auf rund 11.700 MW.

Eine ausformulierte Studie, entschuldigt dena-Geschäftsführer Stephan Kohler, sei nicht möglich gewesen angesichts von »nur« 100 000 Euro Honorar, drei Wochen Bearbeitungszeit und lediglich einem dafür abgestellten Mitarbeiter. **Bezahlt wurde das Papier übrigens von E.on und RWE** – was aber, wie Kohler versichert, auf das Ergebnis keinerlei Einfluss gehabt habe. »Diese Studie ist nach bestem Wissen und Gewissen erstellt worden.«

Anlass für die »Kurzanalyse« war ein Gespräch der Stromkonzerne im Kanzlerinnenamt im März 2008.

INDUSTRIE | **POLITIK** | AUTOS | ENERGIE

Sofort danach wurde es bei *FAZ* und *Handelsblatt* lanciert – was für die gewünschten Schlagzeilen zur »Stromlücke« sorgte. Doch das Umweltbundesamt wies die Ergebnisse der dena umgehend zurück. Und Greenpeace beauftragte das Aachener Beratungsunternehmen EUtech damit, die offiziöse Studie nachzurechnen. Ergebnis: Deren Annahmen seien »kaum nachvollziehbar«, die »postulierte Deckungslücke nicht zu erwarten«. In einem eigenen Papier listet EUtech zahlreiche Ungereimtheiten auf. **Beim künftigen Strombedarf beispielsweise hat die dena ziemlich hohe Zahlen angesetzt, bei der Entwicklung des Kraftwerksparks dagegen eher niedrige Zahlen verwendet.** »Die dena hat in ihrer Studie die Bandbreite für die Annahmen so weit ausgeschöpft, dass man es gerade noch verstehen kann«, kommentiert Andree Böhling von Greenpeace. »Wenn man das aber systematisch macht, kann dabei auch ein falsches Ergebnis herauskommen.«

> Das Papier steht unter: www.greenpeace.de/fileadmin/gpd/user_upload/themen/energie/Deckungsluecke.pdf

Aber schauen wir uns die Studie doch einmal genauer an – auch wenn es etwas Mühe bereitet. Als Erstes fällt auf, wie wenig durchschaubar die Arbeit der dena ist. Verschiedene Kraftwerkstypen sind in Tabellen in einer Zeile zusammengefasst (Atomkraftwerke und einige Windräder zum Beispiel). Im Gegenzug wurde die klimaschonende Kraft-Wärme-Kopplung auf mehrere Zeilen verstreut. **Dadurch ist es praktisch unmöglich, Zahlen nachzuvollziehen oder Annahmen mit anderen Studien abzugleichen.** »Ich gebe zu, die Methodik ist nicht transparent«, sagt dazu der zuständige Mitarbeiter der dena.

Einer der wichtigsten Punkte der gesamten Kalkulation ist natürlich die künftig zu erwartende Stromnachfrage. Hier setzt die Energieagentur für das Jahr 2020 570 Terawattstunden (TWh) an und schreibt neben die entsprechende Grafik:

> Szenario "Energieprogramm Bundesregierung":
> Senkung des Stromverbrauchs bis 2020 um 0,5% pro Jahr; bis 2030 um 0,3% pro Jahr

Nur Kennern fällt auf, dass die genannten Zahlen gar nicht dem offiziellen Energieprogramm der Bundesregierung entsprechen. Die Greenpeace-Gutachter von EUtech nennen die Angabe deshalb »irreführend« – denn statt einer Einsparung von 6,7 Prozent bis 2020 wie die dena gehe die Bundesregierung in ihrem »Integrierten Klima- und Energieprogramm«, das 2007 mit großem Tamtam in Meseberg beschlossen worden war, von einer Senkung des Stromverbrauchs um elf Prozent aus. Auf unsere Nachfrage hin räumt die dena die Diskrepanz ein und erklärt, man habe sich an einer »Leitstudie« des Umweltministeriums zum Ausbau erneuerbarer Energien orientiert, und die Zahl von 570 TWh stamme aus

> Die aktuelle »Leitstudie 2008« belegt übrigens en détail, dass hierzulande nicht etwa zu wenige Kohlekraftwerke geplant sind, sondern viel zu viele –
> www.wir-klimaretter.de/hintergruende/gabriel-leitstudie-2008

dem Szenario für den »Energiegipfel« der Kanzlerin im Jahr 2007. Doch schaut man sich die damals von der Uni Köln und der Schweizer Prognos AG gefertigte Studie tatsächlich an, ist dort von nur 542 TWh Stromnachfrage im Jahr 2020 die Rede. Nein, nein, heißt es nun bei der dena auf erneute Nachfrage, die eigene Annahme sei »mit *einem* Szenario des Energiegipfels kompatibel«. Aber mit welchem denn? Antwort der dena: mit dem, das einen Ausbau der Atomkraft angenommen hat. Dies einfach als »Szenario Energieprogramm Bundesregierung« zu bezeichnen, ist in der Tat irreführend. Mindestens. Denn für einen *Neubau* von Akw tritt (im Moment) nicht einmal die CDU ein, geschweige denn die Große Koalition.

Aber schauen wir weiter: Aus dieser angenommenen Stromnachfrage leitet die dena für ihre Kalkulation eine sogenannten »Jahreshöchstlast« ab, also die höchste »Lastspitze« im Stromverbrauch, die im Laufe eines Jahres einmal erreicht wird. Dabei orientiert sie sich an der Realität von 2005 – in jenem Jahr war die Jahreshöchstlast am 15. Dezember um 17:45 eingetreten (und betrug 76 700 Megawatt). Dem standen damals Kraftwerkskapazitäten (»gesicherte Leistung«) von 82 700 Megawatt gegenüber. Exakt diesen Puffer von 7,8 Prozent überträgt die dena nun auf die Kraftwerksleistungen, die ihrer Meinung nach im Jahr 2015 oder 2020 oder 2030 benötigt werden. Setzt man aber diese Kraftwerksreserve niedriger an, verschwindet die im dena-Papier schon für 2012 vorhergesagte Deckungslücke völlig. Und selbst die »Stromlücke«, vor der die Energieagentur im Jahr 2020 warnt, geht zu etwa der

| FORSCHUNG | KONSUM | LUFTFAHRT | MEDIEN |

> Dieser »Diskussionsbeitrag« beleuchtet detailliert, welchen Einfluss verschiedene Annahmen auf das Ergebnis von Strombedarfsstudien haben. Wirklich spannend! www.oeko.de/oekodoc/722/2008-196-de.pdf

Hälfte allein auf diesen Puffer zurück. Felix Matthes und Hans-Joachim Ziesing, zwei der renommiertesten Energiewissenschaftler im Lande, stellen der dena denn auch ein schlechtes Zeugnis aus. In einem umfassenden Papier zur gesamten »Stromlücken«-Debatte schreiben sie, es sei

> problematisch, wenn die gesicherte Leistung im Ist-Zustand des Jahres 2005 als Anforderung für die künftige Leistungsbereitstellung definiert wird, wie dies bei dena (2008) unterstellt wurde. Dies gilt insbesondere, wenn die Differenz zwischen gesicherter Leistung und Jahreshöchstlast im Basisjahr (die dann als Anforderung fortgeschrieben wird) einen erheblichen Anteil der dann postulierten Kapazitätslücke ausmacht.[3]

Halten wir fest: **Die Aussagen der dena zur im Jahr 2020 benötigten »gesicherten Kraftwerksleistung« fußen auf einem als irreführend bezeichneten Szenario und einer zweifelhaften Fortschreibung der Realität.**

Noch größere Unsicherheiten (und Gestaltungsmöglichkeiten) verbergen sich auf der Angebotsseite, also bei den Kraftwerken, die künftig zur Verfügung stehen werden. Die Stromversorger können nämlich (außer bei Atomreaktoren) sehr frei entscheiden, wann sie Kraftwerke bauen oder stilllegen, wann sie Anlagen hochfahren oder abschalten. Für Kohlekraftwerke beispielsweise werden hierzulande unbefristete Genehmigungen erteilt – weshalb auch heute noch Uraltanlagen aus den fünfziger Jahren am Netz sind, die zwar irgendwann renoviert und mit Filtern für Luftschadstoffe nachgerüstet wurden, deren Wirkungsgrad aber trotzdem noch lausig ist. Und für den Ausstoß an CO_2 gibt es schlicht keine gesetzlichen Grenzwerte. Jedenfalls wird der **Kraftwerkspark** des Jahres 2020 zu großen Teilen aus Anlagen bestehen, die bereits heute in Betrieb sind. Von den Annahmen für deren Laufzeiten hängt also ganz wesentlich ab, ob man eine »Stromlücke« sieht und wie groß diese ist. In den Tabellen der dena-Studie sind für 2020 nur noch 53 000 MW elektrische Leistung aus »bestehenden konventionellen Kraftwerken« angesetzt (von rund 80 000 MW im Jahr 2005). Die Greenpeace-Gutachter von EUtech halten auch diese Zahl für »nicht nachvollziehbar«. Lege man dagegen die realen Laufzeiten an (die bei Braunkohlekraftwerken bis zu 50 Jahre betrügen), ergebe sich ein viel höherer Wert – und die »Stromlücke« löse sich in Luft auf. Auch das Umweltbundesamt (UBA) kommt auf Basis seiner Kraftwerksdatenbank in einer eigenen Studie zu dem Ergebnis, dass alles andere als eine »Stromlücke« drohe.

Auf Nachfrage erklärte die dena, das UBA arbeite unseriös. Man selbst habe sich auf eine andere Quelle gestützt, nämlich eine Kraftwerksdatenbank der TU München geführt werde. Die Bitte, zumindest an einzelnen Beispielen detailliert vorzurechnen, wie man aufgrund dieser Daten zu der niedrigeren Kraftwerksleistung für 2020 gekommen ist, lehnte die dena ab. **Diese Daten gebe man nicht heraus, man möge bitte auf die Korrektheit vertrauen.**

> Auch das Papier des UBA ist ungleich verständlicher als die dena-Studie: www.umweltbundesamt.de/uba-info-presse/hintergrund/atomausstieg.pdf. Die Behörde warnt sogar explizit vor dem Bau weiterer Kohlekraftwerke!

Bei einer von E.on und RWE finanzierten Studie aber ist das vielleicht ein bisschen viel verlangt.

Weitere Kritikpunkte der EUtech-Expertise fallen angesichts all dessen kaum noch ins Gewicht: Die Annahmen der dena zur jährlichen Betriebsstundenzahl von Wasserkraftwerken seien »vergleichsweise gering«, auch das Potenzial der Windkraft werde »konservativ« angesetzt. Die Greenpeace-Gutachter kommen schließlich zum Ergebnis, dass kein Mangel an Kraftwerken drohe, sondern »mittelfristig sogar Überkapazitäten von bis zu 9000 MW zu erwarten« seien. Diese Zahl entspricht etwa zwölf großen Kohle-Kraftwerksblöcken, wie E.on, RWE und Vattenfall sie gerade bauen.

Die Energieexperten Matthes und Ziesing formulieren ihr Fazit etwas diplomatischer, aber nicht weniger eindeutig:

> Die Freiheitsgrade und Bewertungsfreiräume für statische Analysen sind hinsichtlich vieler Parameter so groß, dass solche Analysen als Beleg für eine kurz- bis mittelfristig bevorstehende Deckungslücke nicht als belastbar angesehen werden können. Vor dem Hintergrund der im hier vorliegenden Papier diskutierten Daten halten wir es aber eher für unwahrscheinlich, dass für den überschaubaren Zeitraum bis 2020 eine massive Deckungslücke bei der Stromversorgung entstehen wird.

Oder, salopp ausgedrückt: **Traue keiner Statistik, die du nicht selbst gefälscht hast.**

P.S.: Im Februar 2009 kündigte dena-Chef Kohler an, als (sicherlich gut bezahlter) Manager zu RWE zu wechseln.

Deutsches Atomforum

Die Legende von der Renaissance

Regelmäßig »warnt« der Präsident des Deutschen Atomforums, des Lobbyverbandes der Akw-Branche, Politiker und Öffentlichkeit »vor ›Isolierung‹ in der umstrittenen Frage der Kernenergie-Nutzung«. Weltweit sei, so Walter Hohlefelder beispielsweise bei der Wintertagung 2008 seines Verbandes, »nach allen Plänen mit einem erheblichen Ausbau der Atomenergie zu rechnen«. Und er ist nicht der Einzige, der von einer »Renaissance der Atomkraft« spricht; Frankreichs Präsident Nicolas Sarkozy, die *Bild*-Zeitung und zahlreiche andere Medien tun es auch.

Doch ein **Blick auf die nackten Zahlen** des »World Nuclear Industry Status Report« belegt: Die Renaissance (franz.: »Wiedergeburt«) leidet unter einer beängstigend niedrigen, wenn nicht gar rückläufigen Geburtenrate. Zwischen 1987 und 2007 sind ganze 16 neue Reaktoren ans Netz gegangen. Ihre Gesamtzahl stieg damit auf heute 439 – trotzdem liegt 2008 schon um vier Kraftwerke unter dem »Rekordjahr« 2002.

> Deutschlands größtes Boulevardblatt verkauft diese Behauptung sogar als eine seiner »7 Wahrheiten über Kernkraft« – siehe S. 59.

Gern verweisen Atomkraftbefürworter darauf,

dass sich ja 32 weitere Reaktorblöcke im Bau befänden. Stimmt – aber gut ein Drittel davon sind unendliche Geschichten wie Atucha-2 in Argentinien (Baubeginn 1981) oder Busheer im Iran (Baubeginn 1975). In den USA, wo Präsident Ronald Reagan 1981 schon einmal eine Renaissance der Atomkraft ankündigte, ist seit 1973 kein Atomkraftwerk mehr fertig geworden.

»**Es gibt keinen Boom**«, stellte Lutz Mez, Geschäftsführer der Forschungsstelle Umweltpolitik an der FU Berlin, denn auch in einem *ZEIT*-Interview fest. Er verweist darauf, dass bei einer angenommenen Betriebszeit von 40 Jahren bis 2015 insgesamt 90 Reaktoren weltweit und bis 2025 sogar noch mal 192 vom Netz gehen werden. Selbst wenn also die 32 Dauerbaustellen bis dahin alle fertiggestellt sein sollten, so Mez, müssten immer noch zusätzlich 250 Reaktorblöcke gebaut und in Betrieb genommen werden. Damit ist kaum zu rechnen – obwohl Regierungen weltweit Atomkraftprojekte mit Milliarden subventionieren und subventioniert haben. An der ausbleibenden Renaissance ändern auch Ankündigungen wie jüngst der britischen Regierung nichts, den Akw-Park zu erneuern.

Und das europäische Vorzeigeprojekt Olkiluoto 3 in Finnland? Es wird frühestens 2011 und nicht, wie einst geplant, 2009 seinen Betrieb aufnehmen – sechs Mal wurde der Starttermin bereits verschoben, neuerdings ist sogar 2012 im Gespräch. Statt der anfangs veranschlagten drei Milliarden Euro Baukosten

> www.zeit.de/online/2008/03/interview-mez

wird mittlerweile von 4,5 Milliarden Euro ausgegangen. Der baugleiche Reaktor im nordfranzösischen Flamanville, dessen Betriebsstart für 2012 geplant ist, macht ebenfalls vor allem Negativschlagzeilen: Im Dezember 2008 meldete die Wirtschaftszeitung *Les Echos,* jede Megawattstunde dort erzeugten Stroms werde 55 Euro kosten statt der noch vor zwei Jahren kalkulierten 46 Euro. Die vermeintlichen finanziellen Vorteile gegenüber Kohle-, Gas- oder auch Windstrom schrumpfen dadurch erheblich.

»Warum bauen Unternehmen denn überhaupt Kernkraftwerke?«, lautete eine Frage in dem erwähnten *ZEIT*-Interview. Lutz Mez: »**Weil ein Atomkraftwerk für den Betreiber sehr profitabel sein kann. Margen von 25 Prozent sind da keine Seltenheit. Bei den erneuerbaren Energien liegt die Rendite gerade mal bei zehn Prozent.**«

| LUFTFAHRT | MEDIEN | ÖLINDUSTRIE | POLITIK |

122

Deutschlands ungeliebte Klimaschützer

Kernkraftwerk Neckarwestheim 2
Jahreserzeugung: 11 Mrd. kWh | CO_2-Ausstoß: Null

Der Schutz unseres Klimas ist eine unserer dringendsten Aufgaben – wir müssen die CO_2-Emissionen deutlich senken. Deshalb forschen wir intensiv erneuerbare Energien und entwickeln

CO_2-Ausstoß. In den sichersten und zuverlässigsten Kernkraftwerken der Welt. Sie jetzt schon stillzulegen wäre ein Rückschritt im Kampf gegen den Klimawandel. Denn ohne den Be der Kerner

| AUTOS | ENERGIE | FORSCHUNG | KONSUM |

Deutsches Atomforum

Preisgekrönte Propaganda

Seit einigen Jahren organisieren umwelt- und lobbykritische Organisationen in Brüssel den Negativpreis »Worst EU Lobbying Award«, und für das Jahr 2007 wurde auch ein Sonderpreis vergeben für den europaweit dreistesten Grünfärber. Empfänger war das Deutsche Atomforum mit seiner Kampagne »Deutschlands ungeliebte Klimaschützer«. In Zeitungsanzeigen und Hochglanzbroschüren werden dabei Reaktoren in idyllischer Umgebung gezeigt, dazu gibt es eine Website mit einer Adresse, die Umweltverbände auf die Palme treibt: www.klimaschuetzer.de. Ärgerlich für das Atomforum und seinen »Informationskreis Kernenergie« war, dass der Start der Kampagne im Sommer 2007 mit zwei aufsehenerregenden Störfällen in den Akw Krümmel und Brunsbüttel zusammenfiel; tagelange Verharmlosungsversuche von Betreiber Vattenfall konterkarierten die hübschen Annoncen dann noch weiter.

> Die Preisträger werden jeweils in Internetabstimmungen unter www.worstlobby.eu ermittelt.

»CO_2-Ausstoß: Null«, titelt zum Beispiel diese Annonce aus der *Financial Times Deutschland* über das von EnBW betriebene Akw Neckarwestheim. Es

| LUFTFAHRT | MEDIEN | ÖLINDUSTRIE | POLITIK |

wäre »ein Rückschritt im Kampf gegen den Klimawandel«, so das Kleingedruckte, die »sichersten und zuverlässigsten Kernkraftwerke der Welt« abzuschalten. Denn Atomstrom gebe es »ohne CO_2-Ausstoß«.

Das aber ist eine Lüge, jedenfalls wenn man die Atomkraft umfassend betrachtet: Zwar haben Reaktoren tatsächlich keine Schlote, aus denen Kohlendioxid quillt. Doch zu einer Gesamtbilanz gehört natürlich auch die Brennstoffgewinnung: Die Umweltzerstörung durch Uranbergbau ist beträchtlich, und die Aufbereitung des Erzes verschlingt große Mengen Energie. Rechnet man außerdem noch den Energieverbrauch beim Kraftwerksbau oder der Atommüllentsorgung ein, dann verursacht Atomstrom durchaus relevante Mengen des Klimagases Kohlendioxid. Verschiedene Studien ermittelten Werte zwischen 10 und 120 Gramm pro Kilowattstunde, <u>das Darmstädter Öko-Institut kam in einer »Lebenszyklusanalyse«</u> auf 8 bis 65 Gramm. Besonders schlecht schnitten dabei Brennelemente aus Russland oder den USA ab, weil dort zur Urananreicherung zum Teil klimaschädlicher Kohlestrom eingesetzt werde. Für den Durchschnitt des deutschen Atomstroms gibt das Öko-Institut 32 g/kWh an. **Das abgebildete Akw Neckarwestheim verursacht bei genannten 16 Milliarden Kilowattstunden somit mehr als eine halbe Million Tonnen Kohlendioxid pro Jahr.**

Im Internet kommt das Atomforum der Wahrheit schon näher. Dort ist nicht mehr von »CO_2-Ausstoß:

> Das 20-seitige Arbeitspapier zu »Treibhausgasemissionen und Vermeidungskosten« ist auch für Laien gut verständlich und sehr erhellend – www.oeko.de/oekodoc/318/2007-008-de.pdf

Null« die Rede, sondern von »5 bis 33 g/kWh«. Durch geschickte Auswahl der Quellen für ihren Webtext drückt die Kernkraftlobby die Bandbreite der CO_2-Werte für Atomstrom nach unten – und rechnet die entsprechenden Daten der klimaschonenden Konkurrenten Erdgas, Photovoltaik, Wind und Wasser hoch. Der Effekt: Atomreaktoren stehen in einer beigefügten Balkengrafik besonders günstig da. Strom aus kombinierten Kraft- und Wärmeheizwerken auf der Basis von Biogas hingegen, das beim Treibhausgas-Ausstoß mit Abstand am besten abschneidet und zudem eine preiswerte sowie von Wetterschwankungen unabhängige Alternative ist, wird vom Atomforum mit keinem Wort erwähnt.

Im Internet und in ihren Broschüren breitet die Akw-Lobby noch andere – zweifelhafte – Argumente aus: Die deutschen Reaktoren seien »führend im Hinblick auf Sicherheit« heißt es etwa. Aber »führend« ist halt relativ (siehe Krümmel und Brunsbüttel und viele andere Störfälle).

»Die ehrgeizigen Klimaschutzziele in Deutschland können nur erreicht werden, wenn die Kernenergie weiter zum Einsatz kommt«, ist noch so ein kühner Satz ohne jede Quellenangabe. **In Wahrheit haben nicht nur Energieszenarien von Umweltverbänden, sondern auch der Bundesregierung und des Umweltbundesamtes vorgerechnet, wie der deutsche Treibhausgas-Ausstoß bis 2020 um 40 Prozent gesenkt werden kann – bei gleichzeitigem Ausstieg aus der riskanten Atomkraft.**

Die Entsorgung des Atommülls, schreibt das Atomforum, sei »technisch gelöst«. Das ist ein schönfärberischer Ausdruck für: in der Theorie. **In der Praxis nämlich gibt es bis heute kein sicheres Endlager für abgebrannte Brennelemente** (nirgendwo auf der Welt übrigens). Der Salzstock Gorleben wurde vor 30 Jahren politisch für Erkundungsarbeiten ausgewählt, nicht weil er sich im Vergleich mit anderen Standorten als der geeignetste erwiesen hatte. Und die Deponie Asse droht inzwischen abzusaufen.

Atomkraft sorge für »bezahlbaren Strom rund um die Uhr«, meint die Akw-Lobby und schreibt in ihren »Klimaschützer«-Broschüren, dass beispielsweise Windenergie »in der Grundlast nicht eingesetzt werden« könne, weil damit »keine kontinuierliche Stromproduktion möglich ist«. Dieses – beliebte – Argument beruht auf einem alten Verständnis von »Grundlast«. Einst waren das Kraftwerke, die man billig durchlaufen lassen konnte. Heute aber gibt es einen gesetzlichen Vorrang für alternative Energien (jedenfalls solange das Erneuerbare-Energien-Gesetz nicht gekippt ist). Sie sind also neuerdings die »Grundlast«. **Windstrom muss also bevorzugt ins Netz eingespeist werden – deshalb braucht ein klimaschonendes Stromversorgungssystem der Zukunft flexible Kraftwerke,** die Schwankungen der Windkraft ausgleichen können. Genau **dazu sind Atomkraftwerke** mit ihren langwierigen, teuren und riskanten Prozeduren zum Hoch- und Runterfahren **nicht in der Lage.** Klimapolitiker wie Michael Müller, Staatssekretär im Bundesumweltministerium, warnen sogar, dass ein Rütteln am Atomausstieg den Umbau der Energieversorgung verzögern würde. Denn das heute schon bestehende Überangebot an Strom würde dadurch verstärkt, der Anreiz zum Bau neuer, effizienter Anlagen verringert.

Kernenergie sei zukunftssicher, meint das Deutsche Atomforum, denn der Brennstoff Uran »reicht nach heutigen Schätzungen noch mindestens 200 Jahre«. Allerdings nennt die Hochglanzbroschüre keinen Beleg für diese Zahl. Der Wissenschaftliche Dienst des Deutschen Bundestages (beileibe keine Filiale der Anti-Atom-Bewegung) dagegen stellte 2006 in einem Abgeordneten-Briefing fest, dass **die weltweit sicher bekannten Uranvorräte in etwa 25 Jahren ausgeschöpft** seien. Bei einem Marktpreis von 130 Dollar pro Tonne (der 2008 kurzzeitig erreicht wurde), würden zwar weitere Lagerstätten profitabel ausbeutbar – doch auch dann genügten die »hinreichend gesicherten Vorräte« (»reasonably assured resources«) bloß für 47 Jahre. Das entspreche, so die Bundestagsexperten, »grob dem Lebenszyklus einer einzelnen Generation von Kraftwerksneubauten«. Selbst wenn man großzügiger rechnet und neben den gesicherten auch noch die geschätzten Vorräte hinzurechnet, erhöhe sich die mögliche Laufzeit der Reaktoren auf 67 Jahre. Reichweiten von mehr als 100 Jahren ergäben sich nur, wenn auch noch weitere, »spekulative« Lagerstätten in die Rechnung einbezo-

> Derartige Papiere werden nach einiger Zeit stets öffentlich gemacht, weshalb es hier nachgelesen werden kann:
> www.bundestag.de/wissen/analysen/2006/uran_als_kernbrennstoff-vorraete_und_reichweite.pdf

> Und käme es wirklich zu der von der Akw-Lobby heiß ersehnten »weltweiten Renaissance« der Atomkraft mit zahlreichen Reaktorneubauten, dann wäre das Uran doch wieder früher alle.

gen werden. Das Fazit des Wissenschaftlichen Dienstes des Bundestages lautete denn auch:

> Mit Sicherheit festzustellen ist jedoch, dass Uran insgesamt ein begrenzter Rohstoff ist, der der Menschheit im bisherigen Ausmaß nur für einige weitere Generationen – und damit nicht wesentlich länger als Öl oder Gas und eher kürzer als die Kohle – zur Verfügung stehen wird

Atomstrom »steht für Wachstum und Beschäftigung«, wollen die Kernkraftlobbyisten schließlich noch Glauben machen, denn er sei billig. Das stimmt zwar – vor allem für die Stromerzeuger. Weil die Reaktoren längst abgeschrieben sind, produzieren sie nämlich zu sehr niedrigen Kosten Energie. Verkauft aber wird auch Atomstrom zum allgemeinen Marktpreis. **Jedes Akw spült seinem Betreiber deshalb einen Reingewinn von etwa einer Million Euro in die Kasse – und das täglich.** Da gibt man doch gern ein bisschen Geld aus für aufwendige PR-Kampagnen. Vom Reinerlös eines halben Tages ließe sich – grob überschlagen – die abgebildete viertelseitige Annonce in der *Financial Times Deutschland* (Listenpreis 9700 Euro plus MwSt.) ein Jahr lang einmal die Woche schalten.

Ach so, die ganze ausgezeichnete Werbekampagne hat sich das Deutsche Atomforum bzw. seine Werbeagentur nicht einmal selbst ausgedacht. Schon 1991 warb die US-Atomlobby mit Fotos von Reaktoren in lieblicher Natur (und dem hübschen Wortspiel: »Trees aren't the only plants that are good for the atmosphere« – »plant« bedeutet im Englischen nicht nur »Pflanze«, sondern auch »Fabrik«, »Anlage« oder »Kraftwerk«).

| AUTOS | ENERGIE | FORSCHUNG | KONSUM |

EnBW

Zahlenspiele mit Atom- und Wasserkraft

Die *German Times* ist ein englischsprachiges Monatsblatt, das seit Frühjahr 2007 in Berlin erscheint. Sie bezeichnet sich selbst als »Zeitung für Entscheider aus Politik und Wirtschaft«. Ein guter Teil der Auflage (nach eigenen Angaben 50 000 Stück) wird kostenlos beispielsweise an alle Abgeordneten des Europaparlaments verteilt, außerdem an alle Parlamentarier und Regierungen der Mitgliedsstaaten und die EU-Kommission.

Ein höchst attraktives Medium also für die Imagewerbung von Großunternehmen. Und so fand sich in der Ausgabe 1/2008 eine ganzseitige Anzeige von EnBW, dem viertgrößten Energiekonzern Deutschlands. Unter einem riesigen Foto von der Baustelle des Wasserkraftwerks Rheinfelden steht da:

> **Do we have the energy to develop a new energy?**
>
> EnBW has more CO_2-free energy than any other German power supplier.
> Above all, hydropower. But also nuclear energy.
> It helps us develop renewable energy sources.
> Without going without energy for the present.

Zu Deutsch: »Haben wir die Energie, eine neue Energie zu entwickeln?« Und weiter: »EnBW hat mehr CO_2-freie Energie als jeder andere deutsche Energieversorger. Vor allem Wasserkraft. Aber auch Atomenergie. Das hilft uns, erneuerbare Energiequellen zu entwickeln. Ohne dass uns in der Gegenwart die Energie ausgeht.«

Das klingt nicht nur in der Übersetzung etwas holprig, aber die EnBW-Werber haben alles mit Bedacht formuliert. Denn nur absolut gerechnet stimmt das mit »mehr Energie«. Schaut man sich dagegen die Klimabilanz für jede einzelne Kilowattstunde Strom an, dann schneidet der Konzern aus Karlsruhe weniger rühmlich ab: Mit 240 Gramm Kohlendioxid pro Kilowattstunde Strom liegt EnBW zwar deutlich besser als etwa RWE oder Vattenfall, doch das liegt vor allem am hohen Atomstrom-Anteil. **Selbstverständlich gibt es etliche Konkurrenten, deren Energie noch viel klimaschonender ist als die von EnBW:** Anbieter wie Lichtblick, Greenpeace Energy, Naturstrom oder EWS Schönau liefern *ausschließlich* grünen Strom; EnBW kommt nach eigenen Angaben dagegen auf 21,4 Prozent.

> Unter dem sehr ähnlichen Namen »Naturenergie« hat EnBW eine eigene Marke kreiert, mit dem ein Teil des Stroms aus den eigenen Wasserkraftanlagen an »ökologisch orientierte Kunden« vertrieben wird.

> Hier sind aber – wie übrigens bei der Stromkennzeichnung aller Anbieter – auch jene ca. 15 Prozent Ökostrom mitgezählt, die dank des Erneuerbare-Energien-Gesetzes erzeugt werden und mittlerweile standardmäßig im Netz sind. Wenn Sie sich Ihre Stromrechnung anschauen: Nur deutlich höhere Prozentwerte garantieren, dass Ihr Versorger auch selbst Ökostrom produziert oder zumindest einkauft.

Bloß sind diese Öko-Anbieter eben viel kleiner, in absoluter Menge gerechnet »haben« sie deshalb tatsächlich weniger CO_2-freie Energie als Deutschlands viertgrößter Stromversorger.

Den zweiten Satz des Annoncentextes darf man aber plötzlich nicht mehr mengenmäßig verstehen. Dort heißt es, EnBW habe »vor allem Wasserkraft«. Zwar ist – historisch gewachsen und topografisch bedingt – die Zahl der Wasserkraftwerke in Südwestdeutschland tatsächlich relativ groß, aber ein Blick in den 2007er Geschäftsbericht des Konzerns offenbart, dass im EnBW-Kraftwerkspark Atom-, Kohle- und Gaskraftwerke die größten Posten sind.

Erzeugungsportfolio des EnBW-Konzerns Elektrische Leistung in MW	2007	2006
Kernkraftwerke (inkl. EDF-Verträge)	4.842	4.843
Konventionelle Kraftwerke	6.620	6.579
Laufwasser- und Speicherkraftwerke	3.415	3.354
Sonstige erneuerbare Energien	86	35
Gesamt	**14.963**	**14.811**

Und die große Zahl der Akw führt dazu, dass für EnBW-Strom doppelt so viel Atommüll pro kWh anfällt als im bundesweiten Durchschnitt üblich.

Ganz nebenbei zeigt die Tabelle auch, wie weit es mit dem Versprechen aus der Annonce her ist, »erneuerbare Energien zu entwickeln«: Im Vergleich zum Vorjahr sind im Portfolio der EnBW-eigenen Erzeugungsanlagen zwar einige Megawatt Wasserkraft hinzugekommen, aber in ähnlicher Größenordnung stieg die Kapazität »konventioneller«, also fossiler Kraftwerke. Und **der Anteil »sonstiger« Öko-Energien« wie Wind-, Biomasse- oder Solaranlagen ist trotz deutlichem Zuwachs noch immer winzig – er liegt derzeit bei 0,6 Prozent.**

| AUTOS | ENERGIE | FORSCHUNG | KONSUM |

E.on

Schummeln mit Staudinger

| LUFTFAHRT | MEDIEN | ÖLINDUSTRIE | POLITIK |

»Lügen, bis das Image stimmt«, stand im Januar 2008 über einem *ZEIT*-Artikel, der einen TV-Werbespot von E.on zerpflückte. In diesem hatte der Konzern sich mit einem Gezeitenkraftwerk geschmückt, das bisher nur auf dem Papier existiert und – anders als vollmundig behauptet – überhaupt nicht einzigartig ist. Und bei dem, so die *ZEIT*, »wesentlich mehr Geld« in die Werbekampagne als in die Entwicklung des Projekts geflossen sei.

Mit derselben Überschrift könnte man die Zeitungsannonce aus dem kleinen *Seligenstädter Heimatblatt* kommentieren (S. 133). E.on versuchte damit gut Wetter zu machen für sein neues Kohlekraftwerk »Staudinger« im hessischen Großkrotzenburg – was auch nötig ist, weil es gegen das Projekt breiten Widerstand in der örtlichen Bevölkerung gibt.

»Drei alte Kraftwerke«, verspricht E.on darin, werde man »durch ein neues ersetzen«, das »hocheffizient« sei und »modernste Technik« nutze. Toll! Der Haken an der Sache: **Mit 1100 Megawatt Leistung wird der geplante Block 6 eines der größten deutschen Kohlekraftwerke. Die drei alten Blöcke dagegen sind erheblich kleiner.** Die »Kraftwerksdatenbank« des Umweltbundesamtes, in der alle größeren Stromerzeugungsanlagen Deutschlands vermerkt sind, weist für »Staudinger 1« läppische 263 MW und für »Staudinger 3« bloße 309 MW aus. Zudem werden die beiden Blöcke derzeit im sogenannten Mittellastbetrieb gefahren, sie sind also in der Regel nur tagsüber in Betrieb. Den neuen Block 6 aber plant E.on als Grundlastkraftwerk – was deutlich längere Laufzeiten bedeuten würde. Und »Staudinger 2« (ebenfalls

263 MW), der dritte durch das neue Kraftwerk zu ersetzende Block, ist <u>seit 2001 gar nicht mehr im Einsatz.</u> Mit großer Geste verweist der Konzern in seinen PR-Materialien weiterhin auf die geplante Erzeugung von 300 MW umweltschonender Fernwärme im neuen Block 6 – doch die alten Blöcke 1 und 2 kamen zusammen auf 400 MW.

... was E.on im »Porträt« des Kraftwerks auf dessen offizieller Internetseite auch offen zugibt: www.kraftwerk-staudinger.com/pages/ekw_de/Kraftwerk_Staudinger/Portraet/index.htm

Unterm Strich werden die Anlagen am Standort Staudinger deshalb in Zukunft nicht weniger, sondern deutlich mehr Kohlendioxid ausstoßen. Versteckt in den Tiefen der Internetseite www.kraftwerk-staudinger.com räumt E.on auch ein, dass die CO_2-Emissionen »von heute fünf auf zukünftig 7,5 bis acht Millionen Tonnen pro Jahr« steigen werden.

Moment, wie hatte es noch mal in der Annonce geheißen?

Jawoll!

| LUFTFAHRT | MEDIEN | ÖLINDUSTRIE | POLITIK |

| AUTOS | ENERGIE | FORSCHUNG | KONSUM |

E.on WasserKraft

Alter Strom in neuen Schläuchen

»Wir freuen uns, treuen Kunden ein ganz besonderes Angebot zu machen«, hieß es in dem Brief, den E.on Bayern im vergangenen Jahr an seine Kunden verschickte. »Wie wäre es, wenn Sie ganz unkompliziert einen Beitrag für eine saubere Zukunft leisten könnten?« Prima Idee, werden sicherlich einige Kunden gedacht haben.

E.on preist sich in dem Schreiben als »Deutschlands größten Betreiber von Wasserkraftwerken«. Dabei sollte es für den insgesamt größten Energieversorger Deutschlands eigentlich selbstverständlich sein, auch die meisten Wasserkraftwerke zu haben, oder?

Unter dem Namen »E.on WasserKraft« bietet das Unternehmen nun also Strom an, der »komplett aus Wasserkraft gewonnen« wird. Und dies zu »fairen Konditionen«, wie E.on schrieb – unter »fair« versteht der Konzern offenbar, den eigenen Preis knapp unter dem von unabhängigen Ökostrom-Anbietern wie Greenpeace Energy oder Lichtblick zu kalkulieren. Auf deren umweltbewusste potenzielle Kundschaft hat der Energieriese es anscheinend abgesehen.

Auf dem Hochglanz-Faltblatt, das dem Brief beilag, finden sich liebliche Fotos und blumige Worte – aber auch ein Versprechen, das dieser Zielgruppe besonders wichtig sein dürfte:

Als Kunde von **E.ON WasserKraft** erhöhen Sie den Anteil von sauberem Strom am Gesamtstromaufkommen.

Dies Versprechen aber ist zumindest zweifelhaft. Der Strom, den E.on seinen Kunden anbietet, stammt nämlich aus den 133 Wasserkraftanlagen, die der Konzern ohnehin betreibt – das bestätigt E.on auf Anfrage auch ganz offen, und man gibt ebenso zu, dass die Einnahmen auch nicht direkt in neue Ökostrom-Erzeugungsanlagen fließen werden. **Die Produktidee von E.on WasserKraft ist so schlicht wie profitabel: Der Wasserstrom, den der Konzern ohnehin produziert und der bisher anteilig an alle E.on-Kunden floss, wird einfach aus dem allgemeinen Strommix herausgelöst und teurer an umweltbewusste Abnehmer verkauft.**

Im Kleingedruckten des Faltblatts ist dies auch – mit etwas Spürsinn – zu erkennen. Laut Gesetz nämlich müssen Stromanbieter offenlegen, wie viel Gramm des Treibhausgases Kohlendioxid sie pro erzeugter Kilowattstunde ausstoßen. Für die von E.on insgesamt in Deutschland erzeugte Elektrizität sind es den Angaben zufolge 299 Gramm. Für Bezieher von »E.on WasserKraft« werden in dem Werbeblatt null Gramm ausgewiesen – dafür schlagen im Gegenzug bei den restlichen E.on-Kunden 303 Gramm zu Buche. Die erhalten also in ihrem persönlichen Energiemix einfach ein Prozent weniger Wasserstrom – und dafür ein Prozent mehr Atom- und Kohlestrom. **Im Klartext: Je mehr E.on-Kunden zum teureren Wasserstrom wechseln, desto höher steigt bei den weniger umweltbewussten Kunden der Kohlendioxid-Wert – aber die interessiert das ja sowieso nicht. Insgesamt und damit fürs Klima ändert sich dadurch nichts.**

Lügt E.on also mit dem Versprechen, »WasserKraft«-Kunden erhöhten »den Anteil von sauberem Strom am Gesamtstromaufkommen«? Nein, natürlich nicht, darauf achtet das Unternehmen selbstverständlich. Auf Anfrage erläuterte ein E.on-Sprecher: Man schenke jedem neuen WasserKraft-Kunden bei Vertragsabschluss ein Guthaben von 25 Euro. Das Geld könnten die Neu-Kunden auf Wunsch spenden, und zwar für ein »innovatives Wasserkraftprojekt« – sie müssten auf dem Bestellschein nur ein entsprechendes Kästchen ankreuzen. Welches Wasserkraftprojekt dies denn sei und wo es entstehen werde, konnte der E.on-Sprecher aber nicht sagen. Und beiläufig erwähnte er, dass sowieso kaum jemand die 25 Euro spende …

| POLITIK | **AUTOS** | ENERGIE | FORSCHUN

Ford

Die tun was –
für den Klimawandel

Die BBC-Dokumentation *Unsere Erde* zeigt fast hundert Minuten lang spektakuläre Naturaufnahmen, und als der Film im Frühjahr 2008 in die Kinos kam, erklärte Regisseur Alastair Fothergill: »Würden wir diesen Film in 10 oder 20 Jahren drehen, könnten wir viele dieser außerordentlichen Bilder, die wir jetzt auf der großen Leinwand zeigen, gar nicht mehr einfangen.« Weil viele Ökosysteme dann zerstört, viele Tierarten ausgerottet sein würden. Zum Glück aber wachse das weltweite Bewusstsein für die Zerbrechlichkeit unseres Planeten.

Unterstützt haben die Filmemacher eine Reihe von Partnern, etwa der Öko-Energieversorger Naturstrom, die kanadische Eisenbahn VIA Rail und Ford.

Ford? Der US-Autobauer nutzte den Film, um seine Internetseite www.dienaechstegeneration.de bekannt zu machen. Auf dieser werden zum Einstieg Tier-Föten bei lieblicher Musik gezeigt – ein Eisbärchen zum Beispiel.

»Der Klimawandel stellt eine der größten Herausforderungen der Menschheit dar«, heißt es auf der Homepage verständnisvoll. Und Ford habe etwas, das »kurzfristig und mit geringem Aufwand die Um-

KONSUM | LUFTFAHRT | MEDIEN | ÖLINDUSTRIE

welt schont«. Nämlich seine »Flexifuel«-Modelle, die der Konzern mit dem Slogan »Die nächste Generation« bewirbt. »Wussten Sie«, fragt Ford auf der Homepage, »dass der CO_2-Ausstoß durch die Flexifuel-Technologie und die Verwendung von Bio-Ethanol-Kraftstoff (E85) gegenüber Super-Kraftstoff erheblich reduziert werden kann? Zu diesem Ergebnis sind aktuelle Studien gekommen!«

Die Aussage stimmt – wenn man die Betonung auf das Wörtchen »kann« legt. Denn aktuelle Studien warnen ausdrücklich, dass **bei der Herstellung vieler Agro-Treibstoffe so viel Energie und Düngemittel eingesetzt werden und so viel ökolo-**

> »Biokraftstoffe ... wie ... Bio-Ethanol aus Mais sind für den Klimaschutz ungeeignet«, lautet etwa das Fazit des Wissenschaftlichen Beirats der Bundesregierung WBGU – www.wbgu.de/wbgu_jg2008_presse.html. – Beim Agrosprit-Anbau werde viel mehr Lachgas (ein hochwirksames Treibhausgas) frei als bislang gedacht, so Chemienobelpreisträger Paul Crutzen – www.n-tv.de/915632.html

gisch wertvoller Wald zerstört wird, dass der CO_2-Spareffekt gegenüber Kraftstoff aus Erdöl weitgehend oder gar völlig verloren geht. Was aber auch andere Autohersteller wie Saab oder Volvo nicht davon abhält, offensiv für Ethanol-fähige Fahrzeuge zu werben.

Doch Werbespots mit niedlichen Eisbärchen hat Ford nötiger als andere – denn der Konzern hat noch ein besonders großes Klimaproblem im Inneren seiner Autos. **Massiv sträubt sich das Unternehmen dagegen, seine Klimaanlagen auf das umweltschonende Kühlmittel R744 umzustellen.** Bislang ist allgemein die Chemikalie R134a üblich. Dieser Fluorkohlenwasserstoff ist aber ein hochgefährliches Klimagas. Ein Kilogramm R134a (chemisch: Tetrafluorethan) heizt die Atmosphäre 1430-mal stärker auf als die gleiche Menge Kohlendioxid. Die Chemikalie kann bei Unfällen entweichen, in Werkstätten und bei unsachgemäßer Entsorgung – doch selbst im Normalbetrieb einer Klimaanlage wird so viel R134a frei, wie es einem zusätzlichen Ausstoß von sieben Gramm CO_2 pro gefahrenem Kilometer entspricht, hat das Umweltbundesamt errechnet. Ab 2011 ist der Stoff deshalb EU-weit in Neuwagen verboten.

Bereits vor mehr als zehn Jahren wurde mit der Entwicklung von Alternativen begonnen. Am klimaschonendsten ist das Kühlmittel R744 – hinter diesem Handelsnamen verbirgt sich

---

Allein aus den Klimaanlagen deutscher Pkw wurden laut Umweltbundesamt innerhalb eines Jahres 2300 Tonnen R134a freigesetzt – der so verursachte Klimaschaden entspricht dem CO_2-Ausstoß einer Flotte von 1,7 Millionen Kleinwagen mit je 15 000 km Fahrleistung – www.umweltdaten.de/publikationen/fpdf-l/3639.pdf

| POLITIK | AUTOS | ENERGIE | FORSCHUNG |

simples Kohlendioxid. Es ist mehr als tausendmal weniger schädlich fürs Klima als R134a, es ist nicht entflammbar, es trägt nicht zum Ozonloch bei. Der Verband der deutschen Autohersteller (VDA) versprach im Herbst 2007 deshalb, künftig auf diese Technologie zu setzen. Doch Chemiekonzerne propagieren andere Kühlmittel (die für sie lukrativer sein dürften als natürliches Kohlendioxid), und einige Autokonzerne scheinen die Umrüstungskosten auf die neue Technologie zu scheuen (die mit schätzungsweise 50 Euro pro Fahrzeug allerdings überschaubar sind).

Ford ist nach Angaben der Deutschen Umwelthilfe (DUH) neben Opel der einzige deutsche Hersteller, der sich bisher nicht an das VDA-Versprechen zum Umstieg auf CO_2-Kühlung hält. Auch beim europäischen Branchenverband ACEA trete das Unternehmen auf die Bremse: »**Ford spielt bei der Frage**«, so DUH-Bundesgeschäftsführer Jürgen Resch, »**schon seit Jahren eine destruktive Rolle.**« Das Unternehmen versuche, mit »fragwürdigen Informationen« die klimaschonende Kühltechnologie zu »diskreditieren«. Die Umweltorganisation drohte dem Konzern deshalb sogar schon mit einer Boykott-Kampagne. »Aufhalten wird Ford die Umstellung nicht können«, sagt DUH-Expertin Eva Lauer. »Aber sie versuchen, Zeit zu gewinnen und schnell noch Profit zu schlagen.«

| ÖLINDUSTRIE | POLITIK | AUTOS | ENERGIE |

Sigmar Gabriel (SPD)

Alle Autos
»besonders sauber«

144

Sigmar Gabriel ist ein talentierter Politiker. Kämpfe, von denen er glaubt, dass er sie nicht gewinnen kann, beginnt der Bundesumweltminister am liebsten gar nicht erst. Und Dinge, die er nicht verhindern kann, versucht er als Erfolg zu verkaufen.

Und so stand Sigmar Gabriel an einem Oktobermorgen des vergangenen Jahres im ARD-Hauptstadtstudio neben dem zerknautschten Werner Sonne und verkündete der Öffentlichkeit die neueste Subvention für die Autoindustrie. Die Bundesregierung wolle, sagte er, mit roter Krawatte angetan, aber ohne rot zu werden, »besonders saubere« Neuwagen für bis zu zwei Jahre von der Kfz-Steuer ausnehmen. »Besonders sauber« heißt in diesem Fall: praktisch alle. Denn ein steuerfreies Jahr bekommen Autos, die die Abgasnorm Euro 4 erfüllen – doch die gilt bereits seit 1. Januar 2005. Ein weiteres Jahr Erlass gibt es für die Norm Euro 5. Aber diese wird 2009 ohnehin Pflicht, schon heute erfüllt sie fast jedes neu auf den Markt kommende Auto, und von der vorherigen Norm unterscheidet sie sich (fast) nur durch den künftig vorgeschriebenen Ruß-Partikelfilter beim Diesel. Besonders sauber? Vielleicht im Vergleich zu einem Käfer aus den 60er-Jahren.

Das Wort »klimaschonend« nahm Gabriel nicht in den Mund. Denn er weiß genau, dass eine Steuerbefreiung jene am meisten belohnt, die am meisten Steuern zahlen – und das sind halt große Autos mit hohem Kohlendioxidausstoß. **Wer im ersten Halbjahr 2009 beispielsweise einen Audi Q7 zulässt** mit seinem Schiffs- und Panzerdiesel V12 TDI, sechs Liter Hubraum und exorbitanten 298 Gramm CO_2-Ausstoß pro Kilometer, **der bekommt stattliche 926 Euro erlassen.** Und das, obwohl der Wagen nur die Euro-4-Norm schafft. **Der Käufer eines Toyota Prius (104 Gramm CO_2 pro Kilometer) hingegen spart nur etwa 200 Euro** – und das ist schon über zwei Jahre gerechnet.

Auch die neue Kfz-Steuer, die ab Mitte 2009 gilt, ist alles andere als ein Fortschritt fürs Klima. Nach heftigen Protesten wurde zwar ein Modell aus der CDU verhindert, das Spritschlucker sogar bevorzugt hätte. Aber auch die letztlich beschlossene »Reform« verteuert Klimakiller wie den genannten Audi Q7

V12 TDI nicht. Er wird künftig (also nach Auslaufen der temporären Steuerbefreiung) mit exakt derselben Summe von 926 Euro belastet. Das Mischmodell für die neue Kfz-Steuer aus Hubraum und sanfter Kohlendioxid-Besteuerung, mit dem sich Auto-Lobbyisten und Finanzpolitiker durchsetzten, führt zu teils absurden Effekten: **Der Allerwelts-Golf mit 1,4-Liter-Benzinmotor hat mit 149 Gramm pro Kilometer zwar einen viel höheren Kohlendioxidausstoß als der Spar-Golf BlueMotion (1,6-Liter-Diesel mit nur 99 g/km). Doch zahlt er nur 87 Euro Steuer pro Jahr – gegenüber 152 Euro für den klimaschonenderen BlueMotion.**

Dass es auch anders ginge, zeigt ein Blick zu den europäischen Nachbarn: In Frankreich gibt ein Bonus-Malus-System klare Anreize zum Kauf sparsamer Autos – für ein Audi-Geländemonster sind in Paris 2600 Euro Strafzahlung fällig, für einen Prius hingegen wird dort ein Zuschuss von 1000 Euro ausgezahlt. Die durchschnittlichen Emissionen von Neuwagen sanken in Frankreich binnen Jahresfrist um neun Prozent. In Österreich ist bei der Zulassung von Autos für jedes Gramm über einer Grenze von 180 g/km eine Strafe von 25 Euro fällig – der genannte Audi Q7 kostet damit fast 3000 Euro extra. In den Niederlanden sind über einer bestimmten Grenze gar 110 Euro pro Gramm fällig. In Belgien bekommen Privatleute 15 Prozent des Listenpreises erstattet, wenn sie ein Auto mit weniger als 105 g/km kaufen; bei der privaten Nutzung von Dienstwagen sind für klimaschädliche Modelle höhere Steuern zu zahlen. Norwegen hat Importzölle für Pkw erlassen, die nach Gewicht,

INDUSTRIE | **POLITIK** | AUTOS | ENERGIE

PS-Zahl und CO_2-Ausstoß gestaffelt sind – für Sportgeländewagen wie den Q7 kommen so Zehntausende von Euro zusammen. Hierzulande würde die Autolobby bei ähnlichen Plänen vor dem Untergang des Abendlandes warnen.

Zur Erinnerung: Vor zwei Jahren hatte die Bundesregierung mit großem Tamtam auf einer Kabinettsklausur im brandenburgischen Meseberg ein »Klimapaket« verabschiedet, in dem auch die »Umstellung« der Kfz-Steuer »auf CO_2-Basis« enthalten war. Künftig sollten, so lautete 2007 der Beschluss, »sparsame Fahrzeuge steuerlich entlastet und Fahrzeuge mit einem hohen Verbrauch stärker belastet werden«. Die letztlich beschlossene neue Kfz-Steuer hat mit diesem Ziel nur noch wenig zu tun. Was aber macht Sigmar Gabriel, der Anwalt von Umwelt und Klima in der Bundesregierung? Er begrüßt, ganz Realpolitiker, die neue Regelung. Das Wichtigste sei, »dass wir den Unfug vom Tisch haben, den CDU/CSU … vorgelegt haben«.

> Der ökologisch orientierte Verkehrsclub VCD schlug 2007 ein Steuermodell vor, das mit höherem Ausstoß von Kohlendioxid jedes Gramm des Klimagases stärker belastet hätte. Solche progressiven Steuersätze sind in der Einkommensteuer gang und gäbe. Spritfresser mit mehr als 250 Gramm CO_2-Ausstoß wären so um 1000 bis 2000 Euro pro Jahr teurer geworden. Im Autoparadies Deutschland scheint das undenkbar. –
> www.vcd.org/fileadmin/user_upload/redakteure/themen/auto_und_motorrad/Kfz_Steuer/070302_VCD_Klimasteuer.pdf

| FORSCHUNG | KONSUM | LUFTFAHRT | MEDIEN |

Getränkedosen

Brunftgeschrei und CO$_2$

Röhrende Hirsche in Öl hingen einst in vielen deutschen Schlafzimmern, und beim Verband Metallverpackungen (VMV) gelten sie noch heute als Symbol für Natur und heile Welt.

Auf seiner Internetseite und in Zeitungsannoncen, zum Beispiel im Fachblatt *Lebensmittelzeitung*, versucht die Lobby der deutschen Dosenindustrie gut Wetter zu machen für ihre Produkte. Diese hätten

»die höchste Recyclingrate«, heißt es. »Das spart uns Emissionen, und die Natur sagt Danke. Ein Grund mehr, öfter in Metall zu verpacken.«

In einem dreiseitigen Informationsblatt führt die Dosenlobby ihre – tja, Argumentation mag man das fast nicht nennen –, also, ihren Gedankengang weiter aus:

> Das wunderbare Dokument gibt es hier: www.metallverpackungen.de/pdf/metallverpackungen-schaffen-nachhaltigkeit.pdf

> **Der Trick heißt Recycling**
> Metallverpackungen und -verschlüsse werden aus Aluminium und aus Stahl hergestellt. Vom Standpunkt der Nachhaltigkeit betrachtet, ist dies ein großer Vorteil, da für beide Materialien weitreichende Ressourcen zur Verfügung stehen. Aluminium und Roheisen, der Ausgangsstoff für Stahl, sind die am dritt- und vierthäufigst vorkommenden Elemente in der Erdkruste.
>
> Noch vorteilhafter: Produkte aus Aluminium und Stahl sind zu 100% recyclingfähig. Sie lassen sich immer wieder ohne Qualitätsverlust recyceln und bleiben dabei in einem geschlossenen Materialkreislauf: Aus gebrauchtem Aluminium entstehen neue Aluminium- und aus Stahl neue Stahlprodukte.
>
> Das schont die natürlichen Ressourcen: Je mehr Metallprodukte recycelt werden und je mehr recyceltes Material eingesetzt wird, umso weniger Rohstoffe werden bei der Produktion von neuen Metallprodukten verbraucht.

Der Trick heißt: den Energiebedarf ausblenden. Denn natürlich stimmt es, dass die Grundstoffe für Blech- oder Alu-Dosen in der Natur reichlich vorhanden sind. Natürlich stimmt es, dass beide Materialien prima wiederverwertbar sind. Aber zwischen dem Rohstoff und dem Recycling – da muss natürlich erst mal die Verpackung bzw. das Material dafür hergestellt werden. Was bei Stahl und Aluminium Unmengen an Energie verschlingt. Und viel Energie heißt (solange diese nicht aus regenerativen Quellen stammt) eben auch: hoher Kohlendioxidausstoß. Deshalb haben **Getränkedosen aus Aluminium oder Weißblech im Vergleich zu anderen Verpackungsmitteln eine lausige Ökobilanz.**

All die vorteilhaft scheinenden Zahlen zum CO_2-Ausstoß und zur Energieeinsparung, die der Verband Metallverpackungen in seiner Imagekampagne nennt, vergleichen stets nur CO_2-Ausstoß und Energieverbrauch von recycelten Dosen mit neu hergestellten. Diese *relativen* Vorteile gegenüber Neumaterial sagen aber überhaupt nicht, wie viel Energie *absolut* aufgewendet wird beziehungsweise wie viel Kohlendioxid *absolut* verursacht wird. Darüber verliert das Werbematerial der Dosenlobby wohlweislich kein Wort.

Umso klarere Worte finden sich in einer fast 300-seitigen Studie des Umweltbundesamtes, veröffentlicht im Jahre 2002. Es ist die wohl gründlichste Untersuchung über die Umweltauswirkungen unterschiedlicher Getränkeverpackungen. Ende der neunziger Jahre – damals wurde hierzulande heftig um das Dosenpfand

> Falls Sie wirklich 2,2 MB herunterladen wollen: www.umweltdaten.de/publikationen/fpdf-l/2180.pdf – Der Ausriss findet sich auf S. 132 des pdf-Dokuments, und auf S. 211 stehen genaue Zahlen: Die Verpackung von tausend Liter Cola beispielsweise verursacht in 0,5-Liter-Mehrwegflaschen aus Glas 98 kg CO_2, in Halbliter-Aludosen 211 kg, in Weißblech-Dosen 365 kg.

gestritten – ließ die Behörde in mehreren Studien akribisch die Vor- und Nachteile von Einweg- und Mehrwegglasflaschen, von Getränkekartons und Plastikflaschen, von Aluminium- und Weißblechdosen untersuchen. Unter anderem wurden da der Energieverbrauch und der Treibhausgas-Ausstoß von Getränkedosen mit dem von Glas-Mehrwegflaschen direkt verglichen. Mit einem vielleicht etwas umständlich formulierten, aber unmissverständlichen Ergebnis:

Treibhauseffekt

Die Höhe des Treibhauseffektes wird ähnlich wie die der Beanspruchung knapper fossiler Ressourcen durch die Packstoffherstellung (Aluminium, Weißblech, Glas), die Dosenherstellung sowie bei Mehrwegsystemen die Distribution und die Vorgänge beim Abfüller bestimmt.

Im Vergleich zum 0,5 l Glas-Mehrwegsystem liegt der Nettowert des Weißblechsystems fast vier Mal so hoch und der Wert des Aluminiumsystems gut 2 Mal so hoch.

Im Klartext: **Selbst wenn der Aufwand für das Auswaschen von Pfandflaschen und der Dieselverbrauch der Ausliefer-Lkw berücksichtigt wird, sind Alu- oder Blechdose fürs Klima etwa doppelt bzw. viermal so schädlich.** Und daran ändern, vermerkt die Studie explizit, auch deren Recyclingquoten nichts.

Deshalb: Danke schön, liebe Dosenlobby, für mehr CO_2!

FORSCHUNG | KONSUM | LUFTFAHRT | MEDIEN

Wirtschafts-Minister warnt vor Strom-Knappheit!

Von EINAR KOCH

Berlin – Bundeswirtschaftsminister Michael Glos (CSU) schlägt Alarm: Strom wird nicht nur immer teurer – er könnte in den nächsten zehn Jahren auch knapp werden!

In dem neuen, alle zwei Jahre vorgeschriebenen Elektrizitäts-Bericht der Regierung warnt der Wirtschaftsminister vor drohenden „Versorgungsengpässen am Strommarkt". Grund: Unsicherheiten („Akzeptanzprobleme") beim Bau fest eingeplanter moderner Kohlekraftwerke. In seinem „Monitoring-Bericht" stützt sich Glos auf ein Gutachten (u. a. Uni Köln, TH Aachen). Für den Fall von Verzögerungen sagen die Experten auch weitere drastische Strompreis-Erhöhungen voraus.

Der Minister vor diesem Hintergrund zu BILD: „Wir sollten noch einmal darüber nachdenken, ob w uns den Luxus eine vorzeitigen Kernkraft ausstiegs wirklich leis ten können!"

INDUSTRIE | **POLITIK** | AUTOS | ENERGIE

Michael Glos (CSU)

Was scheren mich meine Experten?

Alle zwei Jahre ist das Bundeswirtschaftsministerium nach EU-Recht dazu verpflichtet, einen »Monitoring-Bericht nach §51 EnWG zur Versorgungssicherheit im Bereich der Elektrizitätsversorgung in Deutschland« zu veröffentlichen und nach Brüssel zu schicken. Das klingt dröge – und ist es vermutlich auch, sofern nicht gerade (wie im Moment) um grundlegende energiepolitische Entscheidungen gerungen wird. Dann nämlich kann man als Minister (der damals noch Michael Glos hieß) den Anlass nutzen, um mal wieder vor einer »Stromlücke« zu warnen und vor höheren Energiepreisen – und daraus abgeleitet den Atomausstieg infrage stellen und noch mehr neue Kohlekraftwerke fordern.

Der *Bild* war die Vorlage des routinemäßigen Reports im Sommerloch 2008 denn auch eine dicke Meldung auf Seite 1 mit mehreren Ausrufezeichen und dem Wort »Alarm« wert.

Und wie das halt so ist, plapperten die anderen Medien – von *stern.de* bis *Reuters* – die Botschaft ungeprüft nach; einzig die Kollegin von *Zeit online* scheint vor Niederschrift ihres Textes auch einen Blick in den 26-seitigen »Monitoring-Bericht« selbst sowie die zugrunde liegende 186-seitige Experten-Studie geworfen zu haben und titelte zutreffend: »Keine Angst vorm Stromausfall!« **In dem Gutachten dreier Forschungsinstitute steht nämlich wenig, was Glos' Warnungen rechtfertigt – und im Punkt Atomausstieg sogar genau das Gegenteil.**

> … die natürlich auf der Ministeriums-Website zum Download bereitsteht (www.bmwi.de/BMWi/Navigation/Service/publikationen,did=262838.html) – aber in vielen Nachrichtenagenturen oder Tageszeitungen hat kaum ein Journalist noch Zeit, so etwas gründlich zu lesen.

Detailliert rechnen die Experten darin vor, wie viele neue Kraftwerkskapazitäten hierzulande bis 2020 notwendig werden. Sie vergleichen dies mit bereits begonnenen oder fast sicheren Neubauprojekten und schauen auch auf jene Kohlekraftwerke, die in den letzten Monaten bundesweit durch Umweltschützer und lokale Bürgerinitiativen verhindert wurden. Ihr Fazit: **Es seien »keine Erzeugungsengpässe aufgrund von Kapazitätsmangel im Erzeugungsbereich zu erwarten«.**

Gegenwärtig haben nämlich, das wird aus der Studie überdeutlich, E.on, RWE, Vattenfall und die anderern Energieversorgungsunternehmen hierzulande erheblich mehr neue Kohlekraftwerke in Planung oder bereits in Bau als zur Deckung des zu erwartenden Bedarfes notwendig sein werden. Die zwischenzeitlich gestoppten Projekte würden jedenfalls »durch einen sich abzeichnenden stärkeren Zubau von Kapazitäten auf Basis erneuerbarer Energien (insbesondere Biomasse) überkompensiert«. Kein Wort, nirgends, von einer drohenden »Stromlücke«.

Noch interessanter ist, was die Ministeriumsgutachter zum unendlichen Tauziehen um den Atomausstieg schreiben:

> - Die Politik sollte allerdings für kalkulierbare energie- und umweltpolitische Rahmenbedingungen sorgen und somit Planungssicherheit für Investitionen unterstützen. Politische Diskussionen bzw. Aktionen wie sich ändernde Zuteilungsregeln im Rahmen des Emissionshandels, die Ungewissheit hinsichtlich der Umsetzung des Kernenergieausstiegs
>
> oder der politischen Einmischung in Investitionsentscheidungen vor Ort wirken generell investitionshemmend.

Abschlussbericht für BMWi, 30.05.2008   CONSENTEC / EWI / ifen

Das öffentliche Rütteln am Atomkonsens schadet also nicht nur dem Ausbau der erneuerbaren Energien, sondern generell der Erneuerung des Kraftwerksparks. **Michael Glos war entweder dumm oder dreist, als er – unter Berufung auf exakt diese Studie! – erneut den Atomausstieg infrage stellte.** Nebenbei erklärte das Wirtschaftsministerium seine eigenen Gutachter zu Idioten, indem es in der Presseerklärung zum »Monitoring-Bericht« kaltschnäuzig behauptete, »alle rationalen Gründe« sprächen »für eine Verlängerung der Kernkraftwerkslaufzeiten«.

| FORSCHUNG | KONSUM | LUFTFAHRT | MEDIEN |

| INDUSTRIE | POLITIK | AUTOS | ENERGIE |

Erwin Huber (CSU)
Lügen für die Atomkraft

Erinnern Sie sich an Erwin Huber? Der Mann war einmal Finanzminister von Bayern und CSU-Vorsitzender – bis sich bei der öffentlichen Bayerischen Landesbank ungeahnte Milliardenlöcher auftaten und seine Partei die Landtagswahl 2008 krachend verlor. Vor eben jener Wahl gab Erwin Huber der *Bild am Sonntag* ein ~~Interview~~, äh, »Heimatgespräch«.

Passend zur Überschrift ließ sich Huber von Starfotograf André Rival vor einem Akw ablichten. »Vergleichbares hat sich seit der Katastrophe von Tschernobyl im April 1986 kein deutscher Spitzenpolitiker getraut«, kommentierte *Spiegel Online*. In dem Interview geht es erst um Hubers »harte Kindheit« und seine Zeit in der Freiwilligen Feuerwehr, dann aber auch um harte Themen, etwa die Atomkraft:

> Ich glaube ganz klar, dass wir die Menschen überzeugen können, dass es unter den heutigen Umständen dumm und töricht wäre, die Laufzeiten unserer sicheren Kraftwerke vorzeitig zu beenden. Das ist CO_2-freier Strom aus einer heimischen Energiequelle. Und Strom aus Kernkraftwerken ist der preisgünstigste, den es auf der Welt gibt.

Huber gelingt hier das Kunststück, in drei Sätzen vier Lügen bzw. Halbwahrheiten über die Atomkraft unterzubringen:

| FORSCHUNG | KONSUM | LUFTFAHRT | MEDIEN |

> Am 8. Februar 2004 etwa kam es im hessischen Biblis zum Beinahe-GAU: Während eines Sturms gerieten nahe dem von RWE betriebenen Akw zwei Hochspannungsleitungen aneinander, was einen Kurzschluss auslöste. Daraufhin fiel in Biblis ein Hauptnetzanschluss aus, dann der zweite. Der Reserveanschluss funktionierte ebenfalls nicht. Als noch die Notstromversorgung von Block A und die Eigenbedarfsversorgung von Block B versagten, war der gefürchtete »Notstromfall« gegeben: Es bestand die Gefahr, dass die Sicherheitssysteme nicht mehr mit Energie versorgt werden. Zum Glück sprangen die Notstromdiesel an – die zuvor mehrmals gestört gewesen waren. – Mehr unter: www.ippnw.de/atomenergie/atomenergie_sicherheit/index.html und www.greenpeace.de/fileadmin/gpd/user_upload/themen/atomkraft/070718_FS_Stoerfaelle_Vattenfall.pdf

Erstens sind (auch wenn es hierzulande bisher keine Katastrophe wie in Tschernobyl gab) **die deutschen Akw nicht sicher** – die Liste gravierender Störfälle ist lang: Greenpeace hat seit 2001 allein in den deutschen Vattenfall-Reaktoren 15 davon gezählt, auch die deutsche Sektion der Ärzte gegen Atomkrieg (IPPNW) führt eine Chronik der »Fast-Unfälle«.

Zweitens ist **Atomstrom nicht »CO_2-frei«**, auch wenn die Atomlobby und die Energieversorger das immer wieder gern behaupten. Eine Studie im Auftrag des Bundesumweltministeriums, die auch die Treibhausgasemissionen beispielsweise bei der energieaufwendigen Herstellung der Brennelemente

> www.bmu.de/atomenergie_sicherheit/downloads/doc/39227.php

betrachtete, kam auf einen Kohlendioxidausstoß von durchschnittlich 32 Gramm pro erzeugter Kilowattstunde. Da können nicht nur Wind-, Wasserkraft- und Biogas-Anlagen mithalten, sondern auch Erdgas-Kraftwerke, die gleichzeitig Strom und Heizenergie erzeugen.

Drittens ist Atomstrom keine »heimische Energiequelle« – **das Uran für die deutschen Atomkraftwerke muss importiert werden.**

Viertens ist Atomstrom nicht der »preisgünstigste, den es auf der Welt gibt« – sondern überhaupt **nur durch milliardenschwere Subventionen und die Freistellung der Betreiber von den Risiken eines Atomunfalls konkurrenzfähig.** In Ländern mit einem freien Elektrizitätsmarkt haben Akw deshalb ökonomisch »keine Chance«, so das Ergebnis der (englischsprachigen) Greenpeace-Studie »The Economics of Nuclear Power«.

Auf die Bitte nach Belegen für Hubers Behauptungen antwortete die CSU-Pressestelle: Erstens habe Erwin Huber in dem Interview doch auch auf die Risiken der Kernkraft

> www.greenpeace.org/international/press/reports/the-economics-of-nuclear-power – Kürzer (und auf Deutsch) ist dieses Flugblatt von Eurosolar: www.eurosolar.de/de/images/stories/pdf/Infoblatt_Kosten_Atomenergie06_de.pdf

hingewiesen, nur seien diese halt »beherrschbar«, der »Treibhauseffekt ist es nicht«. Zweitens, klar, es gebe schon Kohlendioxid-Emissionen bei der Atomkraft, aber eben weniger als bei anderen Arten der Energieerzeugung. Zu Punkt 2 ist die CSU-Logik etwas komplizierter: Weil Akw (rein volumenmäßig gerechnet) weniger Brennstoff bräuchten als etwa Kohlekraftwerke, stehe bei der Atomkraft »die Technologie der Energiegewinnung im Vordergrund« – und »die Technologie der deutschen Kernkraftwerke stammt aus heimischer Produktion«. Viertens schließlich seien die deutschen Akw doch längst abgeschrieben, deshalb fielen – anders als bei neu zu bauenden – bei

Kohlekraftwerken oder Windparks »keine Amortisationskosten« mehr an.

Toll. Dann sollte man die deutschen Atomkraftwerke am besten noch tausend Jahre laufen lassen!

| INDUSTRIE | POLITIK | AUTOS | ENERGIE |

Volker Kauder (CDU)

Das Klima abwracken

50 Milliarden Euro hat die Bundesregierung, ganz hopplahopp, für ihr »zweites Konjunkturpaket« lockergemacht. Eine unglaubliche Summe angesichts der Zähigkeit, mit der sonst um ein paar Milliönchen in Sozial- oder Umwelttetats gerungen wird. 50 Milliarden Euro! Stellen Sie sich vor, Sie bekämen jeden Tag eine Million geschenkt, und das hundert Jahre lang – dann wären Sie immer noch erst bei 36 Milliarden.

| FORSCHUNG | KONSUM | LUFTFAHRT | MEDIEN |

Aber statt diese (jedenfalls in Friedenszeiten) beispiellose Erhöhung der Staatsausgaben für einen ökologischen Umbau von Wirtschaft und Gesellschaft zu nutzen, wird das Geld mit der Gießkanne verteilt – und natürlich bekommt auch die hierzulande so mächtige Autoindustrie etwas ab. Was in Zeiten des Klimawandels selbstverständlich mit einem Öko-Mäntelchen bedeckt wird.

Als Volker Kauder, der Chef der CDU/CSU-Bundestagsfraktion, der die Details des Pakets im Januar 2009 im ZDF-Morgenmagazin vorstellte, vom Moderator auf die neue Prämie für den Neuwagenkauf angesprochen wurde, die insgesamt 1,5 Milliarden Euro kostet, da betonte er die Umweltverträglichkeit ganz besonders:

> Diese Summe entspricht etwa dem gesamten regulären Jahreshaushalt des Bundesumweltministeriums. Ein anderer Vergleich: Mit dem Geld könnten die letzten Kürzungen bei Hartz IV gleich dreifach rückgängig gemacht werden – die umstrittenen Einsparungen 2006 brachten dem Bundeshaushalt bloße 500 Millionen Euro.

Frage: Dann gibt es noch die Umweltprämie, eine Abwrackprämie 2.500 Euro werden es sein.

Antwort: Eine Umweltprämie ist schon richtig, weil wir sagen, wenn jemand ein neun Jahre altes Auto, das er ein Jahr besessen hat, aufgibt, und es abgewrackt wird, aber dafür ein umweltverträglicheres Auto kauft, kann er in diesem Jahr 2009 diese Umweltprämie bekommen.

Leider fragte der ZDF-Kollege nicht nach, welche Kriterien ein Fahrzeug denn erfüllen müsse, um als »umweltverträglich« zu gelten. Die Antwort hätte gelautet: Gar keine.

Einzig die Euro-4-Abgasnorm müssen die neuen Wagen erfüllen – die aber ist schon seit mehr als vier Jahren gesetzlicher Standard. Und dass Neuwagen stets ein Fortschritt sind, ist ein von der Autobranche gepflegter Mythos. »Ein neun Jahre alter Benziner bläst beispielsweise weniger gesundheitsschädigende Stickoxide und Partikel in die Umgebung als ein durchschnittlicher Diesel-Pkw aus dem Produktionsjahr 2009«, erklärt Gerd Lottsiepen vom ökologisch orientierten Verkehrsclub VCD.

Für den Treibstoffverbrauch und damit die Klimaschädlichkeit macht die »Umweltprämie« überhaupt keine Vorgabe. Bedenkt man, dass ein Gutteil des Energieverbrauchs eines Autos bei der Produktion entsteht und deshalb eine Nachrüstung mit Abgasreinigungssystemen viel sinnvoller sein kann als der Kauf eines Neuwagens, dann wird klar, was die »Umweltprämie« wirklich ist: pure Verkaufsförderung für Haldenautos – und ein Geschenk an die Autoindustrie.

Folgt man dagegen Fraktionschef Volker Kauder und der Bundesregierung, dann ist etwa ein fabrikneuer VW Touareg »umweltverträglicher« als ein 3-Liter-Lupo, Baujahr 1999 – obwohl dessen Kohlendioxid-Emissionen von 81 Gramm pro Kilometer noch heute als beispielhaft gelten.

Ein brandneuer VW Fox oder Polo schneidet beim CO_2-Ausstoß deutlich schlechter ab als der neun Jahre alte Lupo, und der ebenfalls staatlich geförderte Touareg stößt glatt das Vierfache aus.

Passenderweise illustrierte das ZDF-Morgenmagazin den Klimaflop denn auch mit einem Playmobil-

Auto, das unverkennbar einen dieser spritschluckenden Sportgeländewagen darstellt:

| POLITIK | AUTOS | ENERGIE | FORSCHUNG |

Lexus

Grün vor Scham

Mit dem Slogan »Grün vor Neid« wirbt Lexus, die Luxus-Tochtermarke von Toyota, in großformatigen Anzeigen für seinen RX 400h, einen Sportgeländewagen mit Hybridantrieb:

Im Anzeigentext wird die »grüne Technologie« gepriesen, in anderen Annoncen für den Wagen war von »mehr Leistung bei weniger Emissionen« die Rede. Solch wolkige Formulierungen werfen natürlich Fragen auf. Mehr Leistung als wer? Weniger Emissionen als was? Und was heißt hier überhaupt grün?

Zumindest in Bezug auf die Leistung sind die Fragen schnell beantwortet: »211 PS aus 3,3 Liter Hubraum sind ohne Frage eine gute Ansage, aber erst die zwei Elektromotoren mit 167 PS (Vorderachse) und 68 PS (Hinterachse) machen das Kraut so richtig fett«, schreibt ein Autotester des Internetportals sauberautos.at – und kriegt sich gar nicht wieder ein. »Phänomenale 750 Nm wirken auf vier Räder, der Lexus hebt sich beim Gaspedal-Kickdown nahezu lautlos in eine bisher ungeahnte Art von Bewegung, die ohne Unterlass vorwärtsdrängt – wie ein Flieger auf der Startbahn, wenn man sich das lästige Geräusch der Triebwerke wegdenkt. Vom tiefsten Keller bis in lichte Drehzahlhöhen ohne jede Zugkraftunterbrechung: Das macht ihm so schnell keiner nach.«

Kampfflugzeuge zieht Lexus wohl auch beim CO_2-Ausstoß zum Vergleich heran: **192 Gramm pro Kilometer weist die Annonce offiziell aus. Das sind nicht »weniger Emissionen« als etwa der Durchschnitt aller Pkw-Neuzulassungen im vergangenen Jahr aufwies, sondern fast 30 Gramm mehr.** Sowieso liegt der Lexus über jenen 120 Gramm, den die EU als Richtwert für Neuwagen ab 2015 vorsieht. Ein Blick ins Kleingedruckte zeigt eine bemerkenswerte Fantasie des Unternehmens bei der Definition des Vergleichsmaßstabs: »Niedrigste CO_2-Werte in der Klasse der Premium-SUVs mit mehr als 4 Zylindern«.

Als Kraftstoffverbrauch gibt Lexus dort übrigens an: »innerorts 9,1, außerorts 7,6, kombiniert 8,1«.

| POLITIK | AUTOS | ENERGIE | FORSCHUNG |

Ein Praxistest von *Auto Bild* ergab deutlich abweichende Werte – und ein eher peinliches Abschneiden gegenüber dem ähnlich schweren Sportgeländewagen von Mercedes (dem ML 320 CDI): »Auf der Landstraße fuhr der ML mit 8,8 Liter Diesel/100 km, der RX 400h mit 9,0 Liter Super/100 km. In der Stadt begnügte sich der Lexus mit 8,2 Liter, der Mercedes brauchte 11,5. Dann aber die Autobahn: 14,4 Liter nahm der Mercedes, der Lexus gönnte sich 23,2.« Da sollten die Lexus-Leute eher grün vor Scham werden.

> www.autobild.de/artikel/test-lexus-rx-400h_51612.html – Überhaupt schneiden moderne Diesel mit Rußfilter umweltmäßig nicht unbedingt schlechter ab als Hybridautos, die stets zwei Motoren mitschleppen und daher relativ schwer sind – www.focus.de/auto/unterwegs/CO_2/hybridoderdiesel/politiker-CO_2-debatte_aid_28518.html

Vom vorgeblichen Ziel, einen »emissionsfreien Lexus« zu bauen, ist die Toyota-Tochter jedenfalls weit entfernt. Für die Werbung eignet sich die Technologie trotzdem bestens. **»Heuchel-Hybride«** hat das *greenpeace magazin* Zwei-Tonnen-Kolosse wie den RX 400h genannt, die selbst mit bester Spritspartechnik niemals grüne Autos werden.

> Das Hybrid-Pioniermodell Prius hat Toyota in den Augen der Kunden zum Ökovorreiter unter den Automarken gemacht. In einer Umfrage sah fast ein Drittel der Befragten die Japaner als führend an – obwohl ihre real verkauften Autos mehr CO_2 ausstoßen als etwa die Neuwagenflotte von Fiat, Renault und Peugeot/Citroën.

| FORSCHUNG | KONSUM | LUFTFAHRT | MEDIEN |

Lidl

Sonnige Übertreibung

168 Quizfrage: Was ist ein »klimafreundliches Logistikzentrum«?

a. ein Umschlagpunkt für Waren, die mit Verkehrsträgern transportiert werden, die relativ niedrige Treibhausgas-Emissionen verursachen – Eisenbahnen oder Binnenschiffe beispielsweise

b. das Warenverteilzentrum eines Handelsunternehmens, das bei seinen Produkten konsequent auf die Klimabilanz achtet und folglich zum Beispiel auf Lebensmittel aus Bio-Landbau oder regionaler Erzeugung setzt und besonders viele Getränke in Mehrwegflaschen anbietet

c. ein Warenverteilzentrum mit einer Solaranlage auf dem Dach

Die Antwort gibt Lidl, der nach Aldi zweitgrößte Lebensmittelhändler Deutschlands, auf Plakaten in den Schaufenstern seiner Filialen:

Klimafreundliches Logistikzentrum
Bei Lidl: Für eine sonnige Zukunft
Das Logistikzentrum in Hartheim (bei Freiburg) ist mit der größten Solaraufdachanlage Deutschlands ausgestattet. Hier ist eine rund 10.000 m² große Solaranlage installiert.

Etwa 1,1 Millionen Kilowattstunden erzeugt die Anlage nach Angaben von Lidl, was den Strombedarf des Logistikzentrums (der etwa dem von 600 Einfamilien-Haushalten entspricht) zur Hälfte decken soll. Daneben ist die fünf Millionen Euro teure Anlage für Lidl sicherlich ein gutes Geschäft. Denn im Lebensmitteleinzelhandel tobt in Deutschland seit je ein besonders harter Konkurrenzkampf, die Renditen betragen üblicherweise magere 0,5 bis zwei Prozent. Für Lidl, das selbst keine Zahlen nennt, schätzte das *manager magazin* vor ein paar Jahren die Gewinnmarge auf etwa drei Prozent. Mit dem Betrieb von Solaranlagen lässt sich durchaus die doppelte Rendite erzielen, weil das Erneuerbare-Energien-Gesetz über 20 Jahre lukrative Einspeisevergütungen garantiert. **Die Stromproduktion mit Solarzellen auf dem Dach dürften für Lidl demnach profitabler sein als der Lebensmittelhandel in der Halle darunter – ganz zu schweigen vom positiven Effekt fürs Image,** dem Medienberichte über die Bespitzelung von Mitarbeitern oder eine gewerkschaftsfeindliche Firmenpolitik arg zugesetzt haben.

Ach so, »die größte Solaraufdachanlage Deutschlands« hat Lidl übrigens nicht. Und vermutlich war dieser Superlativ schon bei Inbetriebnahme im Frühjahr 2006 **Hochstapelei.** Denn die Solarmodule auf dem Dach der Münchner Messe beispielsweise haben eine etwa doppelt so hohe Leistung, eine ähnliche Anlage auf einem Logistikzentrum in Bürstadt nahe Mannheim ist sogar etwa fünfmal so groß wie die von Lidl.

170

| KONSUM | LUFTFAHRT | MEDIEN | ÖLINDUSTRIE |

Lufthansa

There's no better way to lie

Deutschlands größte Fluggesellschaft wäre besonders stark betroffen von etwaigen Klimaschutzauflagen für die Luftfahrtbranche – kein Wunder, dass die Lufthansa sich besonders anstrengt, diese zu verhindern. Regelmäßig schaltet der Dax-Konzern große Zeitungsanzeigen: Wenn beispielsweise in Brüssel mal wieder diskutiert wird, den Flugverkehr in den Emissionshandel einzubeziehen und so für seinen Treibhausgas-Ausstoß zumindest teilweise zur Kasse zu bitten, fordert die Lufthansa (Werbeslogan: »There's no better way to fly«) eine »globale Lösung«. Wissend, dass eine weltweite Einigung von Regierungen und Fluglobby wohl nie zustande kommen wird.

Ausgerechnet in der alternativen *tageszeitung* erschien im Mai 2007 diese ganzseitige Annonce, und sie vereint so viele Grünfärber-Tricks, dass sich eine eingehende Betrachtung wirklich lohnt.

Trick 1: Schmücke dich mit dem Wort »Verantwortung«! Es ist inhaltsleer, klingt aber immer gut. Lufthansa bringt es gleich in der ersten Zeile unter. Sogar fett gedruckt. »Wachstum umweltbewusst gestalten. Aus Verantwortung«, proklamiert der Konzern dort.

Trick 2: Betone die eigenen Aktivitäten und formuliere so, dass dir immer eine Hintertür bleibt! »Wir tun viel – für möglichst wenig CO_2-Emissionen«, heißt die fette Überschrift. Wie viel »viel« ist und was »möglichst wenig« bedeutet, darüber lässt sich trefflich streiten.

Trick 3: Stelle deine Kritiker als Spinner hin! Lufthansa tut das mit einem Zitat des Vorstandsvorsitzenden, der den Betrachter auf einem Foto freundlich anschaut: »Wir brauchen keinen Öko-Populismus, weiter hilft uns allein mehr Öko-Rationalismus.« Nun könnte man ja argumentieren, dass es höchst rational wäre, für den weltweit am schnellsten wachsenden und zudem klimaschädlichsten Verkehrsträger Klimaschutzauflagen zu erlassen – zumal es bislang praktisch keine einzige gibt. Aber das meint Lufthansa-Chef Wolfgang Mayrhuber wohl nicht.

> Kerosin ist hierzulande sogar steuerbefreit – der Staat subventioniert den Flugverkehr allein dadurch mit ca. 400 Millionen Euro pro Jahr. Die relativ klimaschonende Bahn hingegen muss nicht nur Mineralölsteuer zahlen, sondern auch Strom- und Öko- sowie Mehrwertsteuer (die bei Auslandsflügen ebenfalls nicht erhoben wird).

Trick 4: Spiele deinen eigenen Anteil am Problem herunter! Lufthansa schreibt deshalb: »Der Anteil des Luftverkehrs an den globalen Treibhausgasemissionen beträgt 1,6 Prozent.« Dies ist keine Lüge, aber geschickte Manipulation: Zu den »globalen Treibhausgasen« gehören beispielsweise auch Lachgas oder Methan, die in der Intensivlandwirtschft und der Viehzucht verursacht werden. Für die Flugbranche allerdings sind einzig die Kohlendioxid-Emissionen relevant – und hier nennt selbst die Lufthansa in ihrem Nachhaltigkeitsbericht einen Anteil von drei Prozent. Doch auch diese Zahl ist noch tiefgestapelt, weil Flugzeugabgase, wie erwähnt, in besonders sensiblen Schichten der Atmosphäre frei werden und dort besonders großen Schaden anrichten. **Experten beziffern deshalb den Anteil der Luftfahrt an den menschengemachten Klimaschäden auf vier bis neun Prozent.**

> Die Sache war der Süddeutschen Zeitung einen ausführlichen Text wert: www.sueddeutsche.de/wirtschaft/192/345031/text/

Trick 5: Betone den technischen Fortschritt! Mehr als die Hälfte des gesamten Anzeigentextes (und das riesige Fotomotiv eines neuen Airbus A380) drehen sich um die Investitionen der Lufthansa in neue Flugzeuge. Diese sind – wie sollte es anders sein – etwas sparsamer als ihre Vorgänger. Doch wie so oft bei Effizienzfortschritten werden relative Einsparungen durch Wachstum mehr als ausgeglichen. Mehr dazu unter Trick 7 und 8.

Trick 6: Blende die politische Debatte aus! Wie erwähnt will die EU-Kommission den Flugverkehr in den Handel mit CO_2-Zertifikaten einbeziehen. Die Lufthansa breitet nicht einmal ihre Gegenargumente aus, sondern ignoriert den Vorschlag komplett. Die Organisation LobbyControl kommentiert in einer Greenwashing-Studie derartige Annoncen: »Auch wenn sie sich sachlich geben mögen, geht es nicht darum, eine offene politische Debatte

> Sie enthält viele weitere »schöne« Beispiele: www.lobbycontrol.de/download/greenwash-studie.pdf

anzustoßen. Sie sollen die Bürgerinnen und Bürger vielmehr beruhigen und demobilisieren – ihre Aktivierung und Einbeziehung in die realen politischen Debatten ist nicht erwünscht. Außerdem würde die Glaubwürdigkeit der Kampagne leiden, wenn die Menschen die Anzeigen als Instrument im Kampf gegen konkrete, schärfere Klimaschutzmaßnahmen wahrnehmen würden.«

Trick 7: Wechsle mitten im Gedankengang das Thema – ohne dass ein flüchtiger Leser dies merkt! (Aber so, siehe Trick 2, dass es genau genommen nicht verkehrt ist.) »Emissionen reduziert«, schreibt die Lufthansa fett in ihre Annonce, und weiter heißt es: »Das belegen die Erfolge bei der Reduzierung des Kerosinverbrauchs und damit auch der CO_2-Emissionen. Lufthansa hat seit 1991 ihre«, und dann geht es wieder fett gedruckt weiter, »CO_2-Effizienz um rund 30 Prozent gesteigert.« Haben Sie es gemerkt? Das Unternehmen vermischt hier *absolute* Werte von Kerosinverbrauch und Emissionen mit dem, was sie »CO_2-Effizienz« nennt, also mit *relativen* Emissionsmengen.

Trick 8: Gib dir besondere Mühe mit kreativen Grafiken und Diagrammen, die zugehörigen Erklärungen und klein gedruckten Legenden lesen viele Leute sowieso nicht! Der Textabschnitt mit der fett gedruckten Überschrift »Emissionen reduziert« wird in der Lufthansa-Annonce mit dieser Grafik illustriert, die aus dem eigenen Nachhaltigkeitsbericht »Balance 2007« übernommen wurde:

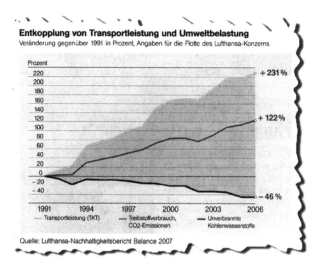

Entkopplung von Transportleistung und Umweltbelastung
Veränderung gegenüber 1991 in Prozent, Angaben für die Flotte des Lufthansa-Konzerns

Quelle: Lufthansa-Nachhaltigkeitsbericht Balance 2007

Doch **die Grafik zeigt gar keine Reduzierung der Emissionen, jedenfalls nicht der Emissionen des Klimagases Kohlendioxid.** Diese sind in den vergangenen 15 Jahren um 122 Prozent gestiegen. Absolut reduziert hat sich einzig der Ausstoß an »unverbrannten Kohlenwasserstoffen« (UHC), davon aber ist in der ganzen Annonce sonst nirgends die Rede. Dank der Aufnahme in das Diagramm kann man aber die ganze Fläche zwischen der aufsteigenden Linie der Transportleistung und der sinkenden Linie der UHC-Emissionen grau

> Beim Klimaschutz sind unverbrannte Kohlenwasserstoffe (»UHC«) durchaus relevant, weil größere Mengen davon bei der Erdgasförderung frei werden. Hier sieht es aus, als habe Lufthansa händeringend nach irgendetwas gesucht, was sich im genannten Zeitraum auch in absoluten Mengen reduziert hat. Aus dem Nachhaltigkeitsbericht geht jedenfalls hervor, dass die UHC-Emissionen 0,1 Gramm pro Kilometer und beförderte Tonne betragen – die CO_2-Mengen sind mit 940 Gramm pro Tonnenkilometer vieltausendfach höher.

einfärben – als wäre dies die reduzierte Klimabelastung. Fast unbemerkt bleibt dabei die mittlere graue Linie, nämlich dass die **Lufthansa ihren CO_2-Ausstoß zwischen 1991 und 2006 mehr als verdoppelt** hat.

LobbyControl hat in der bereits zitierten Studie die Grafik auf das Relevante reduziert, und dann sieht sie so aus:

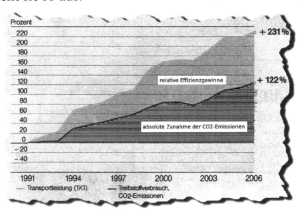

Solch ein Bild mit den Worten »Emissionen reduziert« zu versehen, hätten sich die Lufthansa-Werber sicherlich nicht getraut.

»Mehr Flugverkehr«, stand schließlich als Fazit am Ende der Annonce, »bedeutet damit nicht automatisch entsprechend höhere Umweltbelastung. Jedenfalls nicht bei Lufthansa.« Das wichtigste Wort in diesem Satz ist das »entsprechend« – ohne dies wäre die Aussage glatt gelogen. **Größere Anzeigen bedeuten damit nicht automatisch entsprechend größere Ehrlichkeit. Jedenfalls nicht bei Lufthansa.**

POLITIK | **AUTOS** | ENERGIE | FORSCHUNG

Porsche

Angst vor »putzigen Kleinwagen«

Porsche-Chef Wendelin Wiedeking ist einer derjenigen, die am lautesten klagen und zetern, wenn es um Umweltvorgaben für Autos geht. »Ungeheuerlich« nannte er auf der Hauptversammlung der Porsche AG 2008 die EU-Pläne zur Senkung des CO_2-Ausstoßes, diese bevorzugten südeuropäische Auto-Marken und ließen den deutschen Herstellern »kaum noch Luft zum Atmen«. Solche Worte sind durchaus nachvollziehbar, wenn der ganze Milliardenumsatz und das eigene 60-Millionen-Gehalt von Spritschleudern abhängen. Dann aber mokierte sich Wiedeking: »Allein das Herumzuckeln mit putzigen Kleinwagen aus Italien und Frankreich soll uns vor dem drohenden Untergang retten.«

Zweierlei fällt einem dazu ein: Erstens scheinen gerade deutsche Männer sich besonders gern in Fahrzeugen mit der Größe und dem Gewicht eines Panzers fortzubewegen (wie auch ein Blick in die Geschichte zeigt). Zweitens fehlt es Porsche ganz offenbar an Ideen: Denn natürlich müssen Kleinwagen nicht putzig, sie können auch ziemlich cool sein – wie beispielsweise der Erfolg von BMW mit der Marke Mini belegt.

Und natürlich kann man fetzige Sportwagen bauen – die trotzdem das Klima schonen. (Jedenfalls wenn Geld keine Rolle spielt, aber das tut es bei vielen Porsche-Kunden ja nicht.) <u>Die kalifornische Firma Tesla</u> macht's vor: Sie hat einen Roadster mit 250 PS auf die Straße gebracht, Höchstgeschwindigkeit 210 km/h, Beschleunigung von 0 auf 100 in vier Sekunden.

> Ein europäischer Vertrieb wird gerade aufgebaut, in Deutschland soll es Unternehmensangaben zufolge mindestens in Hamburg und München Vertragshändler geben. – www.teslamotors.com

Angetrieben wird der Wagen von Elektromotoren, die 6800 Lithium-Ionen-Akkus müssen erst nach 400 Kilometern wieder ans Netz. Der Preis liegt mit 100 000 Dollar eher am unteren Ende der Porsche-Skala. Kauft man noch ein paar Anteile an einem Windpark dazu, kommt man auf konkurrenzlos niedrige CO_2-Werte pro Kilometer – und kann

guten Gewissens rasen. »Wer cool sein will in Hollywood«, schreibt *Spiegel Online,* »der tauscht seinen Lamborghini oder Porsche gegen den emissionsfreien Elektro-Roadster aus.«

Echt putzig, dieser Kleinwagen.

| LUFTFAHRT | MEDIEN | ÖLINDUSTRIE | POLITIK |

Sportwagen, Familienkutsche, Zugmaschine in einem.
Verschwendung kann man ihnen nun wirklich nicht vorwerfen.

Der Cayenne.

Auch kein Grund für Vorwürfe: der Einstiegspreis ab 52.449,- Euro (unverbindliche
Preisempfehlung inkl. Mehrwertsteuer). Mehr Informationen unter www.porsche.de
und Telefon 01805 365 - 911, Fax - 912 (Euro 0,14/min).

PORSCHE

Kraftstoffverbrauch l/100 km: innerstädtisch 18,3 · außerstädtisch 9,9 · insgesamt 12,9 · CO₂-Emission 310 g/km

| AUTOS | ENERGIE | FORSCHUNG | KONSUM |

Porsche

Panzer fürs Arztköfferchen

Hersteller von Luxusartikeln inserieren sehr gern im *Deutschen Ärzteblatt,* das alle deutschen Ärzte einmal wöchentlich gratis erhalten. Die Annonce, die Porsche dort Ende 2008 für seinen Gelände-Sportwagen Cayenne schaltete, war typisch für den neuesten Trend: Wenn Grünfärberei keinen Sinn hat, weil sich das Produkt selbst mit größter Anstrengung nicht als umweltschonend verkaufen lässt und die Zielgruppe zu intelligent erscheint, dann kokettiert man eben mit der Ökosünde.

»Verschwendung kann man Ihnen nun wirklich nicht vorwerfen«, lautet der echt kreative Porsche-Slogan. Dabei wissen die meisten Cayenne-Fahrer unter den Medizinern sicherlich genau, wie wenig okay es ist, mit so einem Zweieinhalb-Tonnen-Panzer das Arztköfferchen (und gelegentlich mal die ganze Familie) durch die Gegend zu kutschieren. Im Kleingedruckten steht ja auch ausdrücklich, was der Spaß für Folgen hat: Nach offizieller Messung schluckt der kleinste Cayenne 18,3 Liter auf hundert Kilometern innerorts und 9,9 Liter außerorts – und wenn man ordentlich auf die Tube drückt, lässt sich mit dem Modell Turbo S der Verbrauch sogar auf 66,7 Liter trei-

| LUFTFAHRT | MEDIEN | ÖLINDUSTRIE | POLITIK |

ben. Wer Cayenne fährt, verheizt also großzügig eine Ressource, die sich bekanntlich dem Ende zuneigt. Und nun stelle man sich einen Notarztwagen vor, sagen wir mal im Jahr 2057, der ein schwerverletztes Kind nicht mehr in die Klinik bringen kann, weil kein Sprit mehr da ist …

> AutoBild hat sich mal den »Spaß« gemacht und fuhr mit einigen Autos auf die Autoteststrecke ins emsländische Papenburg, um den Maximalverbrauch zu ermitteln. Besonders neugierig, heißt es im Bericht dazu, sei man »auf den bulligsten Porsche aller Zeiten« gewesen. »Er enttäuschte nicht. Bei Dauervollgas soff das 270-km/h-SUV sagenhafte 66,7 Liter Super plus. Der Bordcomputer verriet das nicht, er stoppt schamhaft bei »29,9«. Den wahren Verbrauch haben wir per Nachtanken ermittelt: fast 67 Liter auf 100 Kilometer! Ein 40-Tonner kommt mit 35 aus.« – Weiterlesen unter www.autobild.de/artikel/der-auto-bild-verbrauchs-test_55631.html

Außerdem gibt es dieses kleine Problem mit der Erderwärmung: Der abgebildete Porsche emittiert 310 Gramm CO_2 pro Kilometer, etwa dreimal so viel wie beispielsweise ein Toyota Prius oder der VW Golf BlueMotion. Ein Arzt im Cayenne trägt also dreimal so viel wie ein rücksichtsvollerer Kollege zum Klimawandel bei – der laut Weltgesundheitsorganisation (WHO) schon jetzt jährlich 150 000 Menschen das Leben kostet.

Ach ja, noch was: Der ADAC warnt, dass Geländewagen extrem gefährlich für Fußgänger sind, weil ihre Frontpartien bei Kollisionen »fahrenden Mauern« gleichen. Hm. **Man könnte einem Arzt im Porsche Cayenne also durchaus Verschwendung vorwerfen. Von Menschenleben.**

| AUTOS | ENERGIE | FORSCHUNG | KONSUM |

RWE

VeRWEgen schwindeln

Als RWE sich im Frühjahr 2008 ein neues Image geben wollte, erinnerte sich die Agentur Jung von Matt offenbar an einen Werbeklassiker: Mit dem genial einfachen Slogan »schreIBMaschine« hatte einst ein US-Computerkonzern für sich geworben. Bei Deutschlands zweitgrößtem Energieversorger kam nur ein holpriges »voRWEg gehen« heraus.

Als eines der ersten Motive der millionenschweren Kampagne ließ der RWE in ganzseitigen Anzeigen zum Beispiel im *Spiegel* das niedliche Kälbchen »Vroni« auftreten.

| LUFTFAHRT | MEDIEN | ÖLINDUSTRIE | POLITIK |

Der Text dazu lautete:

184

Dies ist nicht nur ein komisches Bild und <u>ein schräger Vergleich</u> – es ist ganz nebenbei auch noch eine veRWEgene Lüge. Denn das riesige Braunkohlekraftwerk, das RWE in Neurath nahe Neuss derzeit baut und im Kleingedruckten der Anzeige als »modernstes und effizientestes« der ganzen Welt anpreist, hat zwar einen etwas höheren Wirkungsgrad als alte Anlagen. Das bedeutet, aus einer Tonne Kohle wird etwas mehr Strom gewonnen als früher. Alles andere wäre aber für einen Neubau auch verwunderlich. »Es stößt 30 Prozent weniger CO_2 aus – umgerechnet 6 000 000 Tonnen jährlich.« Weniger als was? Zwar weniger als **die Altanlagen, die seit den siebziger Jahren in Neurath laufen** – aber die werden nicht etwa abgeschaltet, wenn die neuen Blöcke ans Netz gehen, sondern **sollen auch künftig am Netz bleiben.** Auch an anderen Standorten plant RWE nicht, in gleichem Umfang <u>alte Kraftwerke dichtzu-</u>

> Obwohl der Hinweis auf den Beitrag von Vroni & Co. zur Erderwärmung natürlich zutrifft. Laut einer wegweisenden Studie der Welternährungsorganisation (FAO) gehen etwa 18 Prozent des menschengemachten Treibhauseffekts auf den globalen Viehbestand und damit den oft maßlosen Fleischkonsum zurück – www.fao.org/docrep/010/a0701e/a0701e00.HTM

machen. **Zu den 17,9 Millionen Tonnen Kohlendioxid, die in Neurath schon heute pro Jahr ausgestoßen werden, kommen durch die neuen Blöcke jährlich rund 16,5 Millionen Tonnen CO_2 hinzu.** In Neurath werden also unterm Strich überhaupt keine Emissionen reduziert – dort entsteht vielmehr der größte Klimakiller Europas. **Die neuen Kraftwerksblöcke ersetzen in Neurath keine alten, sondern sie kommen hinzu.**

> RWE schreibt in seiner Werbebroschüre zum Neurath-Projekt (Titel: »Klimavorsorge mit Hightech«) selbst, dass im Gegenzug für den 2200-Megawatt-Neubau höchstens 1800 MW Alt-Anlagen an den Standorten Frimmersdorf und Niederaußem stillgelegt werden sollen – aber auch das nur, »wenn die Versorgungssituation im RWE-Netz es zulässt«.

Zum Vergleich: Die 35 Millionen Tonnen künftiger CO_2-Jahresausstoß sind etwa so viel wie ganz Bangladesch mit seinen beinahe 150 Millionen Einwohnern jährlich emittiert – das Land, das infolge des Klimawandels neuen Schätzungen zufolge noch in diesem Jahrhundert zu rund 90 Prozent vom steigenden Meeresspiegel überflutet werden könnte.

| AUTOS | ENERGIE | FORSCHUNG | KONSUM

RWE

Kleinholz in Großannoncen

Man glaubt ja gar nicht, wofür sich mit Fußball alles werben lässt. Als im Sommer 2008 gerade die EM lief und die halbe Republik vor Großbildschirmen saß, schaltete RWE diese Annonce:

Nach Kälbchen Vroni sollte ein fußballfeldgroßer Wald Sympathien wecken für Europas größten Verursacher von Kohlendioxid. Nein, sogar 14 000 Fußballfelder voller ~~Bäume,~~ sorry, CO_2-neutraler Energieträger pries RWE in der ganzseitigen Anzeige an. Umgerechnet 10 000 Hektar »Energieholz« werde man »in den nächsten vier Jahren« anbauen, hieß es im Annoncentext. »Bei dieser Form energetischer Wärme- und Stromgewinnung entsteht nicht mehr CO_2, als die Pflanze vorher aufgenommen hat.«

Eine Nachfrage bei der RWE-Pressestelle ergab aber, dass **gerade erst ein paar Hundert Hektar sogenannter »Mutterwald« existierten.** Dort sollen in Kooperation mit einer Baumschule Stecklinge herangezogen werden, vor allem Pappeln und Weiden. Doch die Flächen für die Plantagen wurden gerade erst gesucht. Vor allem Mecklenburg-Vorpommern und Brandenburg habe man dafür im Blick, erläuterte ein freundlicher RWE-Sprecher. Aber auch ehemalige Braunkohle-Tagebaue »böten sich an«. Zu deren Rekultivierung aber ist der Konzern ohnehin verpflichtet; dies als Klimaschutzmaßnahme zu verkaufen, wäre ziemlich frech. **»Ob die Flächen in alten Tagebauen liegen«**, versicherte RWE, **»dazu gibt es noch keine Entscheidung.«**

Nach der Ernte in einigen Jahren soll das Holz jedenfalls gehäckselt und in modernen Kraft-Wärme-Kopplungsanlagen verbrannt werden, die zugleich Wärme und Strom erzeugen. Für eine erste Anlage im Landkreis Siegen-Wittgenstein legte RWE im Sommer 2008 den Grundstein, sie wird eine elektrische Leistung von zehn (!) Megawatt haben. Etwa

2012–2015 sollen bundesweit zehn derartige Kraftwerke fertig sein. **Insgesamt geht es also bei diesem ganzen RWE-Vorhaben um klimaschonende Stromerzeugungskapazitäten von etwa 100 MW.** Zweifellos ist das eine feine Sache, aber vergleichsweise läppisch. *Jeder* der beiden neuen Braunkohleblöcke, die RWE derzeit am Standort Neurath errichtet, ist mit 1100 MW mehr als hundertmal so groß wie eines der aufwendig beworbenen Holzkraftwerke.

| AUTOS | ENERGIE | FORSCHUNG | KONSUM |

RWE & Angela Merkel

Heucheln in Hamm

Als im August im westfälischen Hamm der Grundstein für ein neues Kohlekraftwerk gelegt wurde, herrschte dort richtig gute Laune.

Die RWE AG, Europas größter Verursacher von Kohlendioxid und Deutschlands zweitgrößter Stromerzeuger, legte den Grundstein für zwei Blöcke mit je 800 Megawatt Leistung. Neben NRW-Ministerpräsident Jürgen Rüttgers (CDU) und RWE-Chef

Jürgen Großmann war auch Bundeskanzlerin Angela Merkel (CDU) angereist – »sehr bewusst«, wie sie erklärte, weil sie »die Modernisierung von Kohlekraftwerken unterstützen« wolle. In ihrer Rede hatte sie kleine Seitenhiebe auf die üppigen Profite von RWE & Co. und die Windkraftfeinde in ihrer eigenen Partei versteckt, aber die Hauptbotschaft lautete: Das Land brauche »effiziente, moderne Kohlekraftwerke«, damit es nicht »zu einer Verknappung von Strom« komme. Doch Letzteres droht entgegen aller Angstmacherei der Energieversorger gar nicht, wie erst eine Woche zuvor eine Studie im Auftrag des Bundeswirtschaftsministeriums ergeben hatte.

RWE würdigte das Ereignis natürlich mit einer ausführlichen Presseerklärung, und wortgleich übernahm die Bundesregierung daraus für ihre offizielle Internetseite – bewusst oder unbewusst? – eine geschickt formulierte Irreführung:

> Vielleicht hatte Merkel über die Studie nur in der Bild gelesen – wo sie nämlich von Atomstromfan Michael Glos vollkommen falsch dargestellt worden war –, siehe S. 153.

> Die beiden Kraftwerksblöcke können nach Angaben des Betreibers rund sieben Millionen Menschen mit Strom versorgen. Die moderne Anlage erreicht einen Wirkungsgrad von 46 Prozent. Das sind etwa 30 Prozent mehr als bei Altanlagen. Bei gleicher Stromproduktion soll so der CO2-Ausstoß um rund 2,5 Millionen Tonnen CO2 pro Jahr zurückgehen.

Der letzte Satz stimmt nämlich nur, sofern man das Wörtchen »bei« nicht im Sinne von »während«, sondern von »falls« versteht. In Wahrheit aber will RWE in Hamm künftig fast dreimal so viel Kohlestrom erzeugen wie bisher. **Die beiden Blöcke A und B aus dem Jahr 1962/63, die stillgelegt werden sollen, verfü-**

gen über je 152 Megawatt Leistung – die neuen Blöcke D und E dagegen sind mit je 800 MW mehr als siebenmal so groß.

Deshalb wird der RWE-Standort Hamm statt derzeit etwa drei Millionen Tonnen Kohlendioxid bald ca. neun Millionen Tonnen des Klimagases emittieren. **Das neue Kraftwerk stößt also nicht 2,5 Millionen Tonnen weniger, sondern etwa sechs Millionen Tonnen mehr Kohlendioxid aus.** Möglicherweise liegt das Plus sogar noch höher, weil RWE nach Informationen des BUND den ebenfalls bereits 40 Jahre alten Block C in Hamm mit 284 MW auch nach Inbetriebnahme der neuen Blöcke weiterlaufen lassen will.

Trotzdem verbreitet die Pressestelle von RWE kaltschnäuzig:

> Neue Anlage senkt CO_2-Ausstoß deutlich

Übrigens fällt nicht nur an den Standorten Hamm und Neurath, sondern auch **konzernweit die Klimabilanz des von RWE so häufig gefeierten »Kraftwerkerneuerungsprogramms« negativ** aus, wie der BUND in seiner Broschüre »Die Lüge von der Stilllegung« vorrechnet. Derzeit plane der Konzern nämlich den Neubau von sechs Kohleblöcken mit insgesamt 6390 MW und einem CO_2-Ausstoß von 39 Millionen Tonnen. Im Gegenzug sollen zwar 17 alte Blöcke abgeschaltet werden, die zusammen aber lediglich auf 2830 MW und 22 Millionen Tonnen Kohlendioxid kommen.

> www.bund.net/fileadmin/bundnet/publikationen/energie/20070628_energie_stilllegungsluege_kohlekraftwerke_klimafakten.pdf

| AUTOS | ENERGIE | FORSCHUNG | KONSUM

RWE

Vorankriechen im Schildkrötentempo

Ein Motiv aus der PR-Kampagne »voRWEg gehen« immerhin war ungewohnt – und wohl auch ungewollt – ehrlich: Es zeigt einen Bauhelm mit Firmenlogo, der sich so langsam bewegt, dass selbst Schildkröten mühelos hinterherkommen.

In ganzseitigen Annoncen, beispielsweise in *ZEIT* und *Süddeutscher Zeitung,* wurde damit ein Projekt auf den Galapagos-Inseln vorgestellt: »Schildkröten und Inselbewohner«, hieß es im Anzeigentext, könnten dank RWE »aufatmen«. Eine »2,4-Megawatt-Windfarm« ersetze nämlich »veraltete Dieselgeneratoren« zur Stromerzeugung – wodurch der CO_2-Ausstoß sinke und nebenbei auch das Risiko eines Tankerunglücks für die einmalige Tier- und Pflanzenwelt des Weltkulturerbes.

Eine lobenswerte Sache, zweifellos. Aber erstens ist das Projekt ziemlich klein und zweitens der RWE-Anteil daran mickrig. Denn **was das Unternehmen in der Annonce eine »Windfarm« nennt, sind tatsächlich bloß drei kleinere Turbinen mit je 800 Kilowatt Leistung.** Laut der UN-Datenbank für internationale Klimaschutzprojekte werden dadurch **pro Jahr 2849 Tonnen Kohlendioxid eingespart.** Zum Vergleich: **Dieselbe Menge stößt das RWE-Braunkohlekraftwerk Niederaußem in knapp einer Stunde aus.**

Eine Recherche in den bei der Uno hinterlegten Projektunterlagen fördert zudem eine interessante Tabelle zutage, aus der Kostenverteilung hervorgeht (siehe nächste Seite).

Demnach hat der Riesenkonzern RWE (Jahresumsatz 2007: 42,5 Milliarden Euro, Gewinn 2007: 6,5 Milliarden Euro) bloße 625 640 US-Dollar direkt investiert – und damit deutlich weniger als etwa die ecuadorianische Regierung oder die UN-Stiftung. **Für das Galapagos-Projekt gibt RWE also nur einen Bruchteil jener 30 Millionen Euro**

> Das Kyoto-Protokoll macht penible Vorgaben für Klimaschutzprojekte in Entwicklungsländern, die aus Industriestaaten finanziert werden (»CDM-Projekte«). Dazu gehört eine detaillierte Dokumentation und Kontrolle, die Unterlagen darüber werden in einer Webdatenbank gespeichert. Zum Galapagos-Projekt stehen sie hier:
> http://cdm.unfccc.int/Projects/Validation/DB/53J86AZYMSVNZF1VSWJGFZH8CG9KMP/view.html

> Daneben ist RWE an dem in separater Zeile aufgeführten Konsortium »e7« beteiligt, einem 1992 gegründeten Zusammenschluss von Energiekonzernen aus den Industriestaaten (das seit 2006 »e8« heißt: www.e8.org). Für Projekte wie das auf Galapagos wurde 2004 in den USA ein gemeinnütziger Ableger namens »Global 3E« gegründet, Zuwendungen der Unternehmen sind dadurch steuerlich absetzbar.

193

Funding Source:	Based in:	Funding amount (USD)
e7 members	Canada	2,000
e7 / Global 3e	United States	4,848,000
RWE Power AG	Germany	625,640
United Nations Foundation (UNF)	United States	931,988
Municipality of San Cristobal	Ecuador	239,643
Government of Ecuador - FERUM Subsidy (2005) -	Ecuador	1,277,604
Government of Ecuador - FERUM Subsidy (2006) -	Ecuador	2,027,915
TOTAL		**9,952,790**

aus, die jedes Jahr in Zeitungsanzeigen wie die mit den possierlichen Schildkröten fließen.

Unter denen dann dieser Satz steht:

> Schließlich wollen wir nicht reden, sondern handeln.

| AUTOS | ENERGIE | FORSCHUNG | KONSUM |

RWE

»Aggressiver am Markt«

Seit der Liberalisierung der Strommärkte sind RWE Hunderttausende von Kunden davongelaufen, allein im ersten Halbjahr 2008 soll es eine Viertelmillion gewesen sein. Dagegen unternimmt Deutschlands zweitgrößter Energieversorger natürlich einiges. Vorstandschef Jürgen Großmann kündigte beispielsweise an, stärker im Ausland zu expandieren. Den neuen »Strategievorstand« Leonhard Birnbaum, einen früheren McKinsey-Berater, zitierte das *Handelsblatt* im Dezember 2008 mit der Ankündigung, man werde »aggressiver am Markt« auftreten. »Der Feind ist draußen, und dort müssen wir ihn besiegen.«

Eines der »innovativen Produkte«, die Birnbaum

ankündigte, ist ein Tarif namens »ProKlimaStrom 2011«. Die 80er-Jahre NDW-Band Trio lässt RWE dafür in Fernsehspots und riesigen Zeitungsanzeigen werben.

Für das Angebot wurde Strom aus Atomkraftwerken oder Wasserkraftanlagen gemixt, der Stempel »nahezu CO_2-frei« aufgedrückt und »mit dreijähriger Preisgarantie« versehen – **mit gut 22 Cent pro Kilowattstunde allerdings liegt der Preis vergleichsweise hoch.** Man leiste mit dem Produkt »einen nachhaltigen Beitrag zur Schonung des Klimas«, lockt RWE seine Kunden. Doch »nachhaltig« ist vor allem der Beitrag zum RWE-Gewinn: Den Atomstrom kann RWE nämlich für etwa ein Zehntel des Endkundenpreises in seinen alten Reaktoren aus den 70er- und 80er-Jahren produzieren. Der Wasserkraftanteil stammt, wie das Unternehmen auf Anfrage einräumt, aus längst bestehenden Anlagen – und die Einnahmen fließen auch gar nicht direkt in den Neubau weiterer sauberer Erzeugungsanlagen, wie es andere, unabhängige Ökostrom-Anbieter garantieren. **RWE verkauft also ohnehin produzierten Strom zu einem nicht gerade günstigen Sondertarif an naive Kunden, die sich ein bisschen ums Klima sorgen.** Mit einem Werbebudget, von dem die echte grüne Konkurrenz nur träumen kann. Und durchaus mit Erfolg: Innerhalb von vier Wochen nach Start der Kampagne hatte RWE nach eigenen Angaben schon 75 000 Kunden gewonnen.

Aggressiv kommt auch eine Anzeige daher, die von der Regionalgesellschaft RWE Rhein-Ruhr beispielsweise in der *Aachener Zeitung* geschaltet wurde:

| AUTOS | ENERGIE | FORSCHUNG | KONSUM |

> Vorsicht: Mit dem Wechsel des Stromanbieters kann sich die Spannung erhöhen.
>
> VO**RWE**G GEHEN
>
> **RWE** Rhein-Ruhr

Nanu, fragt sich jeder auch nur etwas kundige Leser, was soll das heißen? Denn **natürlich ändert sich an der Steckdose des Verbrauchers überhaupt nichts, wenn er den Anbieter wechselt. Weshalb auch die (elektrische) Spannung sich weder erhöht noch verringert, sie nicht mehr oder weniger schwankt als vorher.** Denn es kommt dort nach wie vor derselbe Strom aus der Steckdose – nur wird die vom Kunden abgenommene Menge nach dem Wechsel von einem anderen Anbieter an anderer Stelle ins Netz eingespeist.

Der Sprecher von RWE Rhein-Ruhr bestätigt dies auf Nachfrage auch. »**Rein physikalisch ist die Aussage so nicht haltbar**«, gibt er zu, aber man betrachte den Spruch »als Metapher« für die Servicequalität. Augenzwinkernd solle den Kunden gesagt werden, dass sie bei anderen Anbietern möglicherweise unliebsame Überraschungen erleben – bei RWE aber garantiert zufrieden seien. Dass man die Annonce auch anders verstehen könne, sagt er, das überrasche ihn. Niemand, wirklich niemand im Unternehmen, betont er, wolle damit Kunden verunsichern oder irgendwelche Ängste schüren vor einem Wechsel zu einem anderen Stromanbieter.

Na, dann ist ja gut.

| MEDIEN | ÖLINDUSTRIE | POLITIK | AUTOS |

Shell

Kreativ vertuschen

Der britisch-niederländische Ölkonzern Shell hat eine Menge Erfahrung in Sachen Grünfärberei. Schon 1991 schaltete das Unternehmen zum Beispiel eine Annonce, die ein niedliches Mädchen mit langen Zöpfen zeigte, gestützt auf eine Erdkugel – fotografiert war dies mit einer Weichzeichnerlinse und versehen mit dem Slogan »Protected by Shell«. Zur selben Zeit war der Konzern Mitglied der »Global Climate Coalition«, einer 2002 aufgelösten Lobbyvereinigung von multinationalen Unternehmen, die das Kyoto-Protokoll bekämpfte und Zweifel säte an den Gefahren der Erderwärmung.

Heute, fast 20 Jahre später, präsentiert sich Shell in Deutschland mit Anzeigen wie dieser:

> Weitere Mitglieder waren nach Angaben der US-Organisation Center for Media and Democracy u. a. BP, Chevron, DaimlerChrysler, Dow Chemical, DuPont, ExxonMobil, Ford, General Motors, Hoechst/Celanese und Texaco sowie zahlreiche Industrieverbände – mehr unter: www.sourcewatch.org/index.php?title=Global_Climate_Coalition und in einem Text von Lester R. Brown (Earth Policy Institute): www.earth-policy.org/Alerts/Alert6.htm

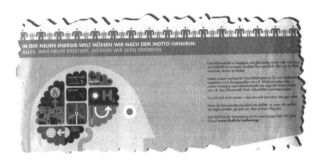

Der Annoncentext beginnt sympathieheischend:

> Dem Klimawandel zu begegnen und gleichzeitig immer mehr Menschen mit Kraftstoff zu versorgen, erscheint fast unmöglich. Aber wir bei Shell versuchen, kreativ zu denken.

Und geht überraschend ehrlich weiter.

> Neben unserer wachsenden Geschäftstätigkeit im Öl- und Gasbereich investieren wir in Energiequellen wie z. B. Wind und untersuchen zudem innovative neue Motorkraftstoffe aus ungewöhnlichen Quellen wie z. B. Gas, Wasserstoff, Stroh, Holzabfällen und Meeresalgen.

Denn in der Tat boomt bei Shell das fossile Geschäft, und die Aktivitäten auf dem Gebiet alternativer Energien sind relativ bescheiden – den größten Teil seiner Solarsparte etwa verkaufte das Unternehmen 2006 an die Bonner SolarWorld AG.

Blickfang der Anzeige ist ein stilisiertes menschliches Gehirn voller Bilder, welches die Vielfalt der Shell-Lösungen für das Kraftstoffproblem symbolisieren soll. Ein großes Bild ist dem »Wasserstoff-

Sprit« gewidmet – dabei ist die Euphorie über diese Energiespeicherform längst verflogen, und niemand weiß, ob sie je wirtschaftlich sein wird. Weitere Bildchen zeigen Sprit aus Stroh, aus Holzchips und aus Algen – allerdings befinden sich diese sogenannten Biotreibstoffe der 2. Generation (auch: BtL – »Biomass to Liquid«) noch im Forschungsstadium. Ganz in der Mitte ist ein Windrad abgebildet – doch aus seinem größten derartigen Projekt, einem Offshore-Windpark in der Themse-Mündung, der ein Viertel der Londoner Haushalte versorgen sollte, ist Shell kürzlich ausgestiegen. **Der Konzern will sich künftig offenbar auf profitable Projekte konzentrieren, nicht mehr auf visionäre.** »Viele Menschen werden sich fragen, warum Shell das tut«, kommentierte die damalige britische Umweltministerin, »noch dazu in einer Woche, in der das Unternehmen Rekordgewinne vorlegt.«

Aber was hat Shell im Hinterkopf? In diesem Hirn-Areal findet sich im Anzeigenmotiv der Punkt »Kohlevergasung«.

Kohle gehört nicht zu den Kerngeschäften von Shell, doch im Gegensatz zu Öl und Gas schlummert sie noch in riesigen Mengen unter der Erde – wodurch die Kohle zur größten Bedrohung des Weltklimas

wird. Was interessiert nun Shell an der Kohlevergasung? Klar, die Technologie könnte irgendwann bei der CO_2-Abscheidung in Kohlekraftwerken (CCS) eine Rolle spielen, die Energieriesen und Bergbauunternehmen als Lösung des Klimaproblems propagieren. Bereits heute wird die Kohlevergasung in der Dünger- und Chemieindustrie eingesetzt. Darüber hinaus ist sie ein Zwischenschritt bei der Kohleverflüssigung.

> Die Nasa-Wissenschaftler Pushker Kharecha und James Hansen haben errechnet, dass selbst der Verbrauch aller Öl- und Gasvorkommen die CO_2-Konzentration in der Atmosphäre nicht über 450 ppm (parts per million – Moleküle pro Million Teilchen) steigen lassen würde. Erst »dank« der weltweiten Kohlereserven werde diese Schwelle, ab der Klimatologen eine dramatische und unbeherrschbare Erderwärmung erwarten, übertroffen – http://pubs.giss.nasa.gov/abstracts/2008/Kharecha_Hansen.html

»Alles, was nicht existiert, müssen wir eben erfinden«, hat Shell über die ganze Annonce geschrieben. Aber: Flüssigkohle für den Tank muss gar nicht mehr erfunden werden – Hitler-Deutschland und das Apartheidregime in Südafrika stellten sie schon vor Jahrzehnten in großem Stil her, um Ölengpässe zu vermeiden (in Südafrika stammt noch heute ein Drittel des Sprits aus Kohle). Auf dem Weltmarkt dagegen hatte die Flüssigkohle bislang keine Chance gegen Kraftstoffe aus Mineralöl. Angesichts schwindender Ressourcen könnte sich das bald ändern. <u>In den USA beispielsweise werben Lobbygruppen</u> intensiv dafür, das Land mithilfe heimischer Kohle von Ölimporten unabhängig zu machen. Und in China gibt es bereits etliche »Coal-to-Liquid«-Projekte (CtL).

Der Haken an der Sache: **Kohle-Sprit ist eine schrecklich dreckige Angelegenheit.** Bei der Herstel-

| MEDIEN | ÖLINDUSTRIE | POLITIK | AUTOS |

lung und Verbrennung eines Liters wird rund doppelt so viel Kohlendioxid frei wie bei herkömmlichem Benzin – für den Klimaschutz und die Bemühungen um eine emissionsarme Mobilität wäre die Kohleverflüssigung in großem Stil der Super-GAU. Selbst wenn es irgendwann gelingen sollte, das bei der Herstellung entstehende Kohlendioxid abzufangen und unterirdisch zu speichern, gäbe es den CO_2-Ausstoß bei der Verbrennung im Automotor immer noch. Und laut einer Untersuchung der Universität Princeton würden selbst im besten anzunehmenden Fall die Emissionen eines CtL-betankten Autos um acht Prozent über dem jetzigen Niveau liegen.

Siehe www.earthportal.org/news/?p=97

Zurück zu Shell. Auf der deutschen wie auf der englischen Internetseite des Unternehmens gibt es weiterführende Informationen zur Kohlevergasung. Unter den Stichworten »vielfältige Energie« und »XTL« heißt es, aus allen kohlenstoffhaltigen Materialien lasse sich eine »saubere, geruch- und farblose Flüssigkeit« gewinnen – »egal ob man Erdgas, Biomasse oder Kohle hineinsteckt«. In Presseerklärungen berichtet Shell von Kooperationen in Australien

Dort tobt mittlerweile eine heftige öffentliche Debatte: Eine Coal-to-Liquid-Coalition schaltet reihenweise Annoncen und macht Druck auf den Kongress, wirbt lokale Aktivisten und vertreibt Autoaufkleber. »Amerika braucht Kohlebenzin«, heißt es auf deren Internetseite www.futurecoalfuels.org, der Wohlstand des Landes und seine nationale Sicherheit hänge davon ab. Illustriert ist das Ganze mit Kampfjets, brennenden Ölquellen und Zapfpistolen. Umweltorganisationen halten dagegen: www.nrdc.org/globalWarming/coal/liquids.pdf

oder auch in China. Dort startete 2006 gemeinsam mit dem führenden Kohleunternehmen Shenhua Ningxia Coal ein CtL-Projekt, das »im Einklang mit dem 11. Fünf-Jahres-Plan der Regierung« versucht, »saubere Wege der Kohlenutzung zu ermöglichen«. **Wenn im Zusammenhang mit Kohlebenzin von »sauber« die Rede ist, dann bezieht sich dies meist darauf, dass es sehr schwefelarm ist. Gegen den Klimawandel hingegen hilft CtL-Sprit nicht, im Gegenteil.** Aber hatte es nicht genau darum in der Annonce gehen sollen?

Womöglich versucht Shell ja tatsächlich, kreativ zu denken – der Erfolg scheint bescheiden. Kreativ wirken eher die Werber, die die Fantasielosigkeit des Konzerns bei der Lösung der Energieprobleme mit bunten Annoncen vertuschen wollen.

KONSUM

Sony

Stromsparen ist halt relativ

Sony ist ein Klimaretter. Das berichtet der japanische Konzern stolz auf seiner Internetseite. Im Sommer 2006 wurde der Elektronikriese Mitglied der WWF-Initiative »Climate Savers« – neben Firmen wie Coca Cola, IBM, Nike, Nokia oder Tetra Pak. In diesem Rahmen hat sich Sony unter anderem dazu verpflichtet, den eigenen CO_2-Ausstoß bis 2010 um sieben Prozent zu senken und den Energieverbrauch »der wichtigsten Sony-Produkte« zu reduzieren. Im Februar war der Konzern einer der Unterzeichner der »Tokyo Declaration« des WWF und versprach darin, »einen kohlenstoffarmen Lebensstil bei Konsumenten und unseren Kunden« zu fördern. Das klingt gut.

Kurz darauf brachte Sony eine Innovation auf den Markt, die den verschwenderischen Lebensstil auf ein neues Niveau hebt: Alle Fernsehgeräte der Serien Bravia W4000, E4000 und W4500 sind jetzt mit einem »Picture Frame Mode« ausgestattet, der auf dem Monitor ein Standbild erscheinen lässt – »eines der sechs vorinstallierten Bilder von Pop-Art bis van Gogh oder das persönliche Lieblingsbild«, wie es in der Presseerklärung zur Markteinführung hieß. **Die Idee ist tat-**

sächlich, dass der Fernseher künftig auch dann läuft, wenn man gar nicht fernsieht. Schließlich wirke ein dunkler Bildschirm ja »nicht sonderlich attraktiv«.

Als Teil seiner Klimaversprechen hatte Sony eine »transparente und konsequente Kommunikation über seine Umweltschutzerfolge« zugesichert – und getreu diesem Motto verkauft der Konzern seinen Bilderrahmen-Modus nun als ökologischen Fortschritt: »Die Bravia der W4000-Serie verbrauchen im Picture Frame Mode bis zu zehn Prozent weniger Strom als im Fernsehbetrieb«, heißt es in der Presseerklärung, »und helfen somit, Energie zu sparen.«

Doch 90 Prozent des Verbrauchs im Fernsehmodus sind immer noch – je nach Bildschirmgröße – zwischen 100 und 200 Watt. **Wenn sie als Bilderrahmen laufen, verbrauchen die Fernseher damit 1000-mal mehr als im Stand-by-Modus. Genauso gut könnte man einen ganzen Leuchter mit herkömmlichen Glühbirnen vor sich hin brennen lassen.** Tolles »Energiesparen«.

> Im Standardbetrieb beträgt die Leistungsaufnahme der W4000-Geräte laut der offiziellen Datenblätter auf der Sony-Website zwischen 120 und 225 Watt, für den Stand-by-Modus werden 0,19 Watt angegeben.

Die Idee des »digitalen Bilderrahmens« ist übrigens nicht neu – kleine Modelle, die man sich zum Beispiel auf den Nachttisch stellt, sind schon länger zu haben. Das Magazin *Focus* hat ausgerechnet, dass diese Geräte pro Jahr bis zu hundert Kilowattstunden Strom verbrauchen und so Energiekosten von etwa 15 Euro verursachen. Dabei benötigen sie durchschnittlich »nur« zehn Watt – einen Bruchteil der Bravia-Fernseher. Wer sich auf jeden Fall über die Produkte freuen dürfte, schrieb *Focus* auch: Würde sich jeder vierte Deutsche solch einen kleinen Bilderrahmen anschaffen, »könnten die Energieversorger 300 Millionen Euro pro Jahr zusätzlich umsetzen«.

10. Februar 2009, 13:32 Uhr

UNSINNIGE EU-KLIMAPOLITIK

Windräder bringen nichts für CO2-Ziel

Von Anselm Waldermann

Klimapolitik paradox: Trotz Solar- und Windenergie-Booms wird in Europa kein Gramm CO2 eingespart. Denn für jedes neue Windrad in Deutschland darf in Osteuropa mehr Kohle verfeuert werden. Auch die Grünen denken jetzt um, wie E-Mails belegen, die SPIEGEL ONLINE vorliegen.

Hamburg - Die deutschen Ökoenergiefirmen haben eine gigantische Erfolgsgeschichte hingelegt. Rund 15 Prozent des Stroms stammen mittlerweile aus Solar-, Wind- oder Biomasseanlagen, fast 250.000 Menschen arbeiten in der Branche, der Umsatz pro Jahr: 35 Milliarden Euro.

Einziger Haken: Das Klima hat nichts davon - neue Windräder oder Solarzellen sparen kein einziges Gramm CO2 ein.

| LUFTFAHRT | **MEDIEN** | ÖLINDUSTRIE | POLITIK |

Spiegel Online

Don Quijote gegen Windräder

Das »Nachrichtenmagazin« *Der Spiegel* und die Windkraft – das ist eine lange und verwickelte Geschichte. Im März 2004 druckte das Blatt, damals noch unter Chefredakteur Stefan Aust, eine aufsehenerregende Titelgeschichte mit dem Slogan »Der Windmühlen-Wahn«, die gegen eine »Verspargelung der Landschaft« und »hoch subventionierte Landschaftszerstörung« polemisierte. Aust habe die »Propaganda«-Geschichte gewollt, hieß es hinterher, weil er sich »beim Pferdezüchten im Elbeflachland bei Stade« über »viele Windräder in der Nähe« geärgert habe. Zwei prominente Fachredakteure, Gerd Rosenkranz und Harald Schumann, schmissen damals ihre Jobs hin.

Fast fünf Jahre danach präsentierte *Spiegel Online*, immerhin Deutschlands meistgelesene Nachrichten-Website, einen vermeintlichen Knüller: Windkraftanlagen zu bauen, sei klimapolitisch sinnlos, denn der deutsche Kohlendioxidausstoß werde durch sie gar nicht gesenkt.

Das Kernargument des Artikels ist nicht neu, in der Szene wird es spätestens seit dem letzten Buch des (sehr industriefreundlichen) Münchner Ökonomen Hans-Werner Sinn (»Das grüne Paradoxon«) debattiert: Wenn hierzulande Kohlendioxid eingespart werde, bringe das im großen Maßstab gar nichts – denn Detailregelungen des Kyoto-Protokolls und vor allem der EU-Emissionshandel führten dazu, dass die hierzulande nicht mehr benötigten CO_2-Verschmutzungszertifikate ins Ausland vertickt werden. »Polnische oder slowakische Kohlekraftwerke«, heißt es bei *Spiegel Online* bildhaft, würden dann eben mehr von dem Klimagas ausstoßen.

Das klingt erst mal einleuchtend, ist aber ziemlicher Humbug. *Spiegel*-Redakteur Anselm Waldermann hätte das mit einer einzigen Nachfrage beim UN-Klimasekretariat in Bonn, bei der EU-Kommission in Brüssel oder der Deutschen Emissionshandelsstelle in Berlin – die alle auf die eine oder andere Art mit dem Emissionshandelssystem befasst sind – erfahren können. Stattdessen zitiert er – oho, was für ein journalistischer Scoop! – aus irgendwelchen E-Mails von namenlosen Mitgliedern der »Bundesarbeitsgemeinschaft Energie« der Bündnisgrünen. Ein ebenso anonymer Vertreter des Bundesverbands Erneuerbare Energien tritt bei *Spiegel Online* mit der Binsenweisheit auf, zwischen dem deutschen Einspeisevorranggesetz für alternative Energien und dem europäischen Emissionshandel bestehe »eine gewisse Widersprüchlichkeit«. Darüber ist schon lang und breit gestritten worden, beispielsweise als die EU 2008 über konkrete Klimaschutzvorgaben für die Mitgliedsstaaten feilschte.

Alle zweifelhaften Details des *Spiegel-Online*-Textes können wir an dieser Stelle gar nicht widerlegen und kommentieren, nur zum Kern des Ganzen:

> Sorry, ganz leicht verständlich ist das Folgende trotzdem nicht.

1. Der EU-Emissionshandel legt zwar eine **Gesamtmenge an Kohlendioxid** fest, die von den daran angeschlossenen Industrieanlagen und Kraftwerken europaweit ausgestoßen werden darf. Diese aber **ist nicht »unveränderlich«**, wie *Spiegel Online* schreibt. Im Gegenteil, sie sinkt über die Jahre. Dieses Grundprinzip des Emissionshandels wird in der englischen Bezeichnung »Cap-and-Trade-System« deutlicher: EU-Kommission und nationale Regierungen legen im Voraus eine sinkende Obergrenze (»cap«) der insgesamt erlaubten Emissionen fest und einigen sich dazu auf sogenannte »Allokationspläne«, mit denen die erlaubten Emissionsmengen (beziehungsweise Genehmigungszertifikate dafür) auf die teilnehmenden Branchen und Unternehmen verteilt werden. Unter den Teilnehmern sind die Scheine frei handelbar (»trade«) – wer wenig verbraucht, kann überschüssige Zertifikate zu Geld machen, wer mehr braucht, der muss dafür zahlen. Langfristig kalkulierbar soll mit dem (umständlichen und bürokratischen) System die Zahl der verfügbaren CO_2-Zertifikate verringert werden – und damit auch die Kohlendioxid-Emissionen. Viel zu langsam, wie Klimaschützer beklagen. Viel zu schnell, wie beispielsweise die Kohlelobby zetert. Jedenfalls hilft in solch einem System der Zubau von Windrädern dabei, dass der Preis für die zunehmend knapper werdenden Verschmutzungsrechte moderat bleibt. Und

> Für eine detaillierte Erklärung: www.wir-klimaretter.de/lexikon/emissionshandel

die Verbraucherpreise für Strom nicht in astronomische Höhen klettern.

2. Der Verkauf deutscher CO_2-Zertifikate nach Polen oder in die Slowakei ist (zumindest momentan) blanke Theorie. **In der Praxis verfügt die deutsche Energiewirtschaft derzeit offensichtlich nicht über zu viele, sondern über viel zu wenige Verschmutzungsrechte.** Deshalb haben E.on, RWE, Vattenfall & Co. auch mit harten Bandagen gegen den Emissionshandel gekämpft. Aus dem »Nationalen Allokationsplan« der »Handelsperiode 2008 bis 2012«, den die deutsche Emissionshandelsstelle als <u>70-seitige Tabelle ins Internet gestellt</u> hat, geht beispielsweise hervor, dass **das Vattenfall-Kraftwerk Jänschwalde jährlich gut 12 Millionen Zertifikate für je eine Tonne Kohlendioxid kostenlos zugeteilt bekommt – für den üblichen Betrieb aber (bei dem etwa 25 Millionen Tonnen CO_2 ausgestoßen werden) braucht der Kohle-Riese etwa doppelt so viele. Die Differenz muss Vattenfall zukaufen,** entweder bei anderen Anlagenbetreibern im Inland oder irgendwo im Ausland. Das politische Ziel: den Betrieb von CO_2-intensiven Kohlekraftwerken verteuern. Die nötigen Zertifikate kosten allein Vattenfall nach eigenen Angaben jährlich 716 Millionen Euro – kein Wunder, dass der Konzern wie auch seine Konkurrenten neuerdings verstärkt in erneuerbare Energien investieren.

3. **Einen krassen Überschuss an CO_2-Zertifikaten gab es hierzulande tatsächlich einmal** – aller-

> www.dehst.de/nn_477442/DE/Home/Textbausteine/NAP__Tabelle__2008__Ausgabe.html

dings nur bis Ende 2007 und nicht wegen des Booms von Windrädern. Stattdessen war es der Industrie für die sogenannte erste Handelsperiode des EU-Emissionshandels **durch massiven Druck und geschicktes Lobbying** gelungen, von den Behörden viel mehr Verschmutzungsrechte geschenkt zu bekommen, <u>als sie zum Betrieb ihrer Anlagen brauchten</u>. Als dies im Mai 2006 herauskam, brachen an einem »schwarzen Freitag« die Börsenpreise für Emissionsrechte ein. CO_2-Zertifikate kosteten später nur noch wenige Cent. Die ganze Idee des Emissionshandels, der ja auf Knappheit basiert, war perdu. Mit Start der zweiten Handelsperiode 2008 wurde dieser Fehler korrigiert. Womöglich führt die Wirtschaftskrise dazu, dass Industrieproduktion und Energieverbrauch so stark sinken, dass es im Jahr 2009 weniger CO_2-Emissionen als Zertifikate gibt – damit sich solche Schwankungen leichter ausgleichen, wurden die Handelsperioden im System nicht auf ein Jahr begrenzt, sondern laufen über vier Jahre.

> Die Konzerne hatten erreicht, dass das »Cap« (also die Summe der erlaubten Emissionen) in der ersten Handelsperiode höher angesetzt wurde als der tatsächliche CO_2-Ausstoß.

Fassen wir zusammen: In Deutschland herrscht derzeit (soweit bekannt) kein Überschuss an CO_2-Zertifikaten – trotz Ausbaus der erneuerbaren Energien und aller anderen Klimaschutzmaßnahmen. Deshalb gibt es auch keinen (Netto-)Verkauf von überschüssigen Verschmutzungsrechten nach Polen oder sonstwohin. **CO_2-Einsparungen durch deutsche Windräder sorgen folglich nicht dafür, dass im Ausland mehr Klimagas ausgestoßen werden darf –**

sie dämpfen den Preis für die (gewollt) knappen Zertifikate und helfen somit bei der Erreichung der deutschen und europäischen Klimaziele.

Zugegeben, einfach ist diese ganze Sache nicht. Und der EU-Emissionshandel hat etliche Mängel. So hat die Politik den Konzernen große Schlupflöcher eröffnet, um im Ausland billige Zertifikate einkaufen zu können – die Unternehmen können so unbequeme Änderungen des eigenen Verhaltens umgehen und dem dringend nötigen Strukturwandel zu einer CO_2-armen Wirtschaftsweise ausweichen. Ungerechterweise nehmen nur bestimmte Industrien überhaupt am Emissionshandel teil. Und ausgerechnet für die größten CO_2-Verursacher gibt es Ausnahmeregeln. Doch schuld an alledem und daran, dass der EU-Emissionshandel in den letzten Jahren weitgehend wirkungslos blieb, waren nicht Windräder, Solarzellen oder das deutsche Erneuerbare-Energien-Gesetz, sondern die Lobbymacht der überkommenen Energiewirtschaft und die Nachgiebigkeit von Politikern.

Aber vielleicht ist das eine zu komplizierte Geschichte für *Spiegel Online.*

AUTOS | ENERGIE | FORSCHUNG | KONSUM

Stadtwerke Uelzen

Auf der Palme

Was die großen Konzerne können, mögen sich die Stadtwerke im niedersächsischen Uelzen gedacht haben, das können wir auch! Im Winter 2007/2008 hing in der 35 000-Einwohner-Stadt jedenfalls diese Werbung an den Haustüren:

Künftig würden alle Stadtwerke-Kunden, so das Versprechen, mit »100 Prozent reinem Strom aus Naturkraft« versorgt. Der stammt zum größten Teil aus Wasserkraftanlagen in Österreich, zudem hat das kommunale Unternehmen schon vor Jahren in Solar- und Wasserkraft in der Region investiert. So weit, so gut.

Zuvor war das Unternehmen über Monate mit weniger schönen Dingen Stadtgespräch gewesen: Ein **neues Block-Heizkraftwerk zur Strom- und Wärmeerzeugung für Uelzen wird mit Palmöl aus Malaysia betrieben** – einem höchst umstrittenen Brennstoff. Für die Stadtwerke ist er zwar billiger als heimisches Rapsöl, für das Klima aber kann Palmöl sehr teuer werden. Denn zugunsten entsprechender Plantagen werden vielerorts Regenwälder gerodet oder Torfböden trockengelegt. Dabei wird so viel Treibhausgas frei, dass es Jahrzehnte oder gar Jahrhunderte bräuchte, ehe mit dem so angebauten Palmöl gegenüber dem Einsatz von Erdöl überhaupt CO_2 eingespart würde. Weltweit entsteht durch Waldzerstörung derzeit etwa ein Fünftel aller Treibhausgase; so hat Indonesien es geschafft, nach China und den USA drittgrößter Klimasünder zu sein.

> Palmöl gilt heute bereits als das wichtigste Pflanzenöl der Welt, es wird außer in zahlreichen Kleinkraftwerken in Deutschland auch in der Kosmetik- und der Lebensmittelindustrie verwendet. Seit 1990 hat sich die weltweite Anbaufläche auf zwölf Millionen Hektar verdoppelt – mit oft verheerenden Folgen, wie Greenpeace in seinem Bericht »Cooking the Climate« schildert – www.greenpeace.at/report-palmoel.html. Unter den Tisch fällt neben allen ökologischen Debatten oft, dass sich auch die Arbeitsbedingungen malaysischer oder kolumbianischer Plantagenarbeiter deutlich von denen niedersächsischer Rapsölbauern unterscheiden dürften.

Die Uelzener Stadtwerke versicherten zwar stets, dass ihr malaysischer Lieferant nachhaltig wirtschaftet – sahen sich vorsichtshalber aber doch nach neuen Partnern in Afrika und der Ukraine um. Der WWF hat jahrelang gemeinsam mit der Wirtschaft an einem Produktionsstandard für »nachhaltiges Palmöl« gebastelt – aber als im November 2008 das erste Öl mit diesem RSPO-Gütesiegel im Hafen von Rotterdam anlandete, legte Greenpeace Informationen vor, denen zufolge der Lieferant keineswegs ökologisch vorbildhaft arbeite. Fast 250 Umwelt- und Entwicklungshilfeorganisationen haben zudem in einer öffentlichen Erklärung al-

> www.biofuelwatch.org.uk/docs/15-10-2008-RSPO-Ingles.pdf

les Reden von einem »nachhaltigen« Palmölanbau als Greenwashing verurteilt. So weit, so umstritten.

Die spannendste Frage in Uelzen: Was passiert eigentlich mit dem Palmölstrom, seitdem alle lokalen Haushalte Wasserkraftstrom bekommen? Die Elektrizität aus dem Block-Heizkraftwerk diene künftig »der Versorgung von Industriekunden«, erklärt der Pressesprecher der Stadtwerke. Zudem werde er »ins allgemeine Netz eingespeist«. Im Klartext: **Der vor Ort umstrittene Strom wird weiterverkauft und verschwindet im bundesweiten Energiemix.** Und anders als in Uelzen werden anonyme Käufer oder Industriekunden kaum gegen unsaubere Anbaupraktiken auf Palmölplantagen protestieren.

AUTOS | ENERGIE | FORSCHUNG | KONSUM

Steinkohleverband
Kompetenz in Sachen Manipulation

Der Gesamtverband Steinkohle (GVSt) mit Sitz in Essen, in dem die deutschen Grubenunternehmen zusammengeschlossen sind, gibt jedes Jahr eine dicke Hochglanzbroschüre heraus. »Kompetenz in Sachen Kohle« steht in großen Lettern auf dem Titelblatt des Jahresberichtes 2008. Ein paar Zeilen des 88-seitigen Papiers widmen sich der Klimawissenschaft, und hier zeigt der GVSt in erster Linie Kompetenz in Sachen Manipulation.

> **Nach dem IPCC-Bericht 2007: Die Arbeit der Klimawissenschaft geht weiter**
>
> In der klimawissenschaftlichen Diskussion ist nach der Veröffentlichung des 4. Zwischenberichts des International Panel on Climate Change (IPCC) im Februar 2007 im Jahr 2008 wieder Ruhe eingekehrt. Die Beruhigung dürfte u. a. auch deswegen eingetreten sein, weil sich die globale Mitteltemperatur in den letzten zehn Jahren nicht mehr erhöht hat. Mitte 2008 hat sie sich gegenüber Anfang 2007 in Reaktion auf natürliche Parameterschwankungen im Klimasystem sogar um ca. 0,5 Grad abgekühlt. Es zeichnet sich immer deutlicher ab, dass die extremen Szenarien des IPCC wohl sehr unwahrscheinlich sind. Treibhausbedingte Klimaänderungen haben eher am unteren Ende der vom IPCC genannten Bandbreite stattgefunden bzw. werden stattfinden.

Schon der erste Satz, dass »wieder Ruhe eingekehrt« sei »in der klimawissenschaftlichen Diskussion«, ist eine schräge Behauptung – denn nach wie vor werden in *Nature, Science* und anderen Fachzeitschriften praktisch ununterbrochen neue Forschungsergebnisse präsentiert und diskutiert. Zwei der »heißesten« Themen sind der rasante Rückgang des Arktis-Eises und jüngst gemessene Methan-Emissionen im sibirischen Schelfmeer – beides könnte darauf hindeuten, dass das Klima bereits kippt und die Erderwärmung gerade zu einer sich selbst antreibenden Spirale wird. Von »Beruhigung«, die sich der Steinkohleverband offenbar sehnlichst wünscht, kann also keine Rede sein.

> Fast wöchentlich melden sich mittlerweile Wissenschaftler zu Wort und warnen, dass die Realität ihre schlimmsten Prognosen übertreffe.

> Dazu beispielsweise http://www.spiegel.de/wissenschaft/natur/0,1518,594215,00.html oder www.wir-klimaretter.de/index.php?option=com_content&task=view&id=2150&Itemid=340

Die globale Mitteltemperatur von »Mitte 2008« habe sich gegenüber »Anfang 2007 ... sogar um 0,5 Grad abgekühlt«, schreiben die Kohlelobbyisten in ihrem Jahresbericht weiter – und suggerieren damit, das sei etwas Ungewöhnliches. Doch aus solchen kurzfristigen, natürlichen Schwankungen »zeichnet sich« überhaupt nichts »ab«, schon gar nicht »immer deutlicher«. In Wahrheit ist der langfristige Erwärmungstrend ungebrochen.

Dann aber kommt es ganz dicke: Der Satz, dass »treibhausbedingte Klimaänderungen ... eher am unteren Ende« der vom Weltklimarat IPCC genannten Prognosen »stattgefunden« hätten »bzw. stattfinden werden«, klingt an sich schon schräg: Woher wollen die Herren des Steinkohleverbandes denn überhaupt wissen, wie künftige Klimaänderungen stattfinden werden?

| LUFTFAHRT | MEDIEN | ÖLINDUSTRIE | POLITIK |

Mit einer Tabelle versuchen sie, ihre Behauptung zu untermauern.

IPCC-Prognosen und beobachtete Werte				
	IPCC 1990	IPCC 2001	IPCC 2007	Beobachtet 1987 - 2006
Zuwachs der CO_2-Konzentration (% pro Jahr)	0,80	0,36-0,96	0,36-0,96	0,45[1]
Zuwachs der CH_4-Konzentration (% pro Jahr)	0,87	-0,12-0,78	-0,12-0,78	0,30[2]
Zunahme des Treibhauseffekts (W/m² pro Dekade)	0,75	0,41-0,91	0,41-0,91	0,37[3]
Temperaturzuwachs (°C pro Dekade)	0,30	0,14-0,58	0,11-0,64	0,15 ±0,05[4]

[1] Mauna Loa-Daten; [2] höher in den 1980ern, niedriger in den 1990ern, keine Zunahme seit 1999; [3] höher in den 1980ern, niedriger in den 1990ern und 2000er Jahren; [4] niedriger in der Troposphäre, höher an der Erdoberfläche.

Und damit das überzeugender wirkt, gibt es noch eine Grafik dazu.

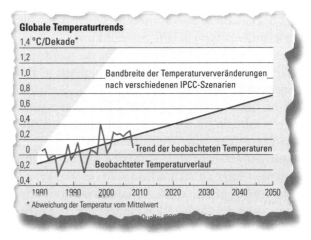

| AUTOS | ENERGIE | FORSCHUNG | KONSUM |

Was denn davon zu halten sei, haben wir Stefan Rahmstorf gefragt, Professor am Potsdam-Institut für Klimafolgenforschung und einer der deutschen Mitautoren an den Berichten des Weltklimarates IPCC. Die Szenarien der Wissenschaft, seien »völlig falsch dargestellt« worden, sagt Rahmstorf, außerdem vergleiche die Kohlelobby hier »Äpfel mit Birnen«. In der Tat: **Ein Vergleich zurückliegender Messdaten mit Prognosen, die für die Zukunft abgegeben wurden, sagt herzlich wenig aus.** Denn die IPCC-Prognosen beziehen sich ja gerade auf künftige Jahrzehnte, die ganz anders sein werden als die zurückliegenden. In denen nämlich die erwartete (bzw. befürchtete) steigende Konzentration von Treibhausgasen in der Erdatmosphäre zu einem weiteren Ansteigen der Temperaturen führen wird. Dass in der Vergangenheit (bei logischerweise weniger Treibhausgasen in der Luft) auch der Temperaturanstieg so niedrig war, dass er sich eher am unteren Ende der künftigen Prognosen bewegte, das ist so banal, dass wir uns schon fragen, wie die Steinkohle~~fritzen~~experten überhaupt glauben konnten, daraus einen auch nur halbwegs überzeugenden Beleg für die falsche Arbeit von Klimaforschern stricken zu können.

Stefan Rahmstorf weist auf seinem eigenen Blog »KlimaLounge« noch auf weitere Fehler hin: Die Vorhersage aus dem 2001-er IPCC-Bericht habe der GVSt schlicht falsch wiedergegeben (nämlich 0,58 Grad pro

> Auf www.wissenslogs.de/wblogs/blog/klimalounge berichtet Rahmstorf aus dem Leben eines Klimatologen, analysiert Forschungsergebnisse und widmet sich mit oft bewundernswerter Geduld den »Klimaskeptikern«.

Dekade statt der korrekten 0,53) – diese Differenz klingt gering, macht aber über die Jahrzehnte das hellgraue Feld in der Grafik deutlich eindrucksvoller. Zudem seien bei den Messwerten für die Vergangenheit Daten aus der Troposphäre gezeigt worden, die aber lägen stets niedriger als an der Erdoberfläche – daher verlaufen die Linien in der Grafik besonders weit unten. Im Ergebnis sieht es beim Steinkohleverband aus, als würden Prognosen und Realität weit auseinanderklaffen.

Im letzten IPCC-Bericht hingegen gibt es eine Grafik zum exakt selben Thema – die zeigt, dass Szenarien und Realität sehr gut zusammenpassen.

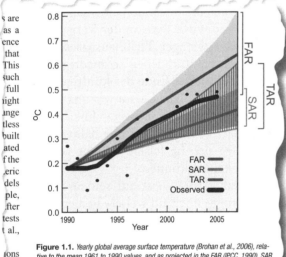

Figure 1.1. *Yearly global average surface temperature (Brohan et al., 2006), relative to the mean 1961 to 1990 values, and as projected in the FAR (IPCC, 1990), SAR (IPCC, 1996) and TAR (IPCC, 2001a). The 'best estimate' model projections from the FAR and SAR are in solid lines with their range of estimated projections shown by the shaded areas. The TAR did not have 'best estimate' model projections but rather a range of projections. Annual mean observations (Section 3.2) are depicted by black circles and the thick black line shows decadal variations obtained by smoothing the time series using a 13-point filter.*

Detlef Riedel, der Sprecher des Steinkohleverbandes, weist auf unsere Anfrage den Vorwurf der Fälschung zurück. Die Grafik sei »auf Grundlage allgemein zugänglicher, akzeptierter Daten erstellt« worden, die »für jedermann nachprüfbar« sind. Klar, die Frage ist nur, was bei der Nachprüfung herauskommt. Und ob sich flüchtige Leser des Jahresberichtes diese Arbeit machen. »Der Steinkohleverband hatte zwei Möglichkeiten« für seine Tricksereien, resümiert Rahmstorf, »die IPCC-Szenarien nach oben ›pushen‹ oder die Messdaten nach unten. Beide hat er genutzt.«

Ein Kollege am Institut, schreibt der Professor noch, habe ihn gefragt: »Wieso machen die so was? Arbeiten da keine Leute, die auch Kinder haben, denen sie eine gute Zukunft wünschen?« Er habe, so Rahmstorf, auf seine kritischen Nachfragen beim Steinkohleverband keine Antwort erhalten.

LUFTFAHRT | MEDIEN | ÖLINDUSTRIE | POLITIK

Süddeutsche Zeitung

Hereingefallen auf Äpfel und Birnen

Wenn Politiker oder Lobbyisten unauffällig etwas in Umlauf bringen wollen, dann erzählen sie es in einem »Hintergrundkreis«. Das sind vertrauliche Treffen in Berlin oder anderswo, zu denen Journalisten sich Gäste einladen oder umgekehrt eingeladen werden und aus denen nur sehr begrenzt zitiert werden darf. Bei meist gutem Essen sitzt man da gemütlich beisammen. Politiker oder Verbandsvertreter nutzen solche Runden, um Ideen zu testen oder Journalisten durch scheinbare Vertraulichkeit zu betören.

Im Frühjahr 2008 raunten Energielobbyisten in solchen Hintergrundkreisen plötzlich von einem drohenden Strommangel. Schnell begannen die Journalisten darüber zu schreiben – ein Schreckgespenst war geboren. Und selbst eine Qualitätszeitung wie die *Süddeutsche Zeitung* ging dem auf den Leim. Auf einer ganzen Doppelseite im Wirtschaftsteil schrieb das Blatt im Februar 2008 über den »Anstieg der Energiekosten«. Eine der Überschriften fragte: »Droht ein Engpass bei der Versorgung?« Im Text durfte dann beispielsweise ein hoher RWE-Manager schimpfen: »Der Neubau von Kohlekraftwerken wird zu einem ökonomisch kaum kalkulierbaren Investitions-

| AUTOS | ENERGIE | FORSCHUNG | KONSUM |

risiko.« Und Alfred Tacke, Chef des Mischkonzerns Evonik, klagte: »Die Pläne der EU-Kommission zum Klimaschutz gefährden die Wettbewerbsfähigkeit von Kohlekraftwerken.« Ja, natürlich! Genau dies ist von der EU auch gewollt. Denn Kohlekraftwerke stoßen – selbst mit modernster Technik – riesige Mengen Kohlendioxid aus. Exakt deshalb sollen sie mit marktwirtschaftlichen Instrumenten weniger attraktiv gemacht werden – **die Verpflichtung zum Kauf von Verschmutzungszertifikaten im Rahmen des EU-Emissionshandels verwandelt den CO_2-Ausstoß endlich zu einem Kostenfaktor für die Kraftwerksbetreiber** und verteuert Strom aus Kohle im Vergleich zu klimaschonenderen Erzeugungsarten.

Die zentrale Passage des Textes, mit der die Autoren offenbar die drohende »Stromlücke« belegen wollten, ist diese:

> Sieben neue Kraftwerke mit einer Leistung von 2400 Megawatt sind im vorigen Jahr neu gebaut worden, hat der Branchenverband BDEW gezählt. Gleichzeitig wurden nach Ermittlung des Marktforschungsunternehmens Trendresearch aber Pläne für den Bau von Kraftwerken mit einer Leistung von insgesamt 6500 Megawatt aufgegeben. Stockt der Kraftwerksausbau weiter, könnte Deutschland nach der Trendresearch-Untersuchung ab 2015 dauerhaft von Stromeinfuhren abhängig werden. Bisher reicht

Fällt Ihnen etwas auf daran? Hier werden Äpfel mit Birnen verglichen. Nämlich neu gebaute Kraftwerke mit Anlagen, deren Planungen aufgegeben wurden.

Wenn überhaupt, dann ließe sich eine »Stromlücke« anders belegen: mit einem Vergleich von neuen mit stillgelegten Kraftwerken. Der Branchenverband BDEW beispielsweise hat eine solche Liste an Journalisten verschickt. Sie führt 53 Anlagen auf, die seit 2001 neu gebaut oder erweitert wurden – deren Leistung in Megawatt: mehr als 8600. Auch Informationen über fallen gelassene Planungen verteilt der Verband offensiv, aber erst auf längeres Nachfragen hin verrät die Sprecherin, dass im gleichen Zeitraum 31 Anlagen vom Netz gingen – deren Gesamtkapazität: etwa 7500 Megawatt. **Es gab also in den vergangenen Jahren einen deutlichen Zubau im deutschen Kraftwerkspark.** Zudem erfasst der Bundesverband der Energie- und Wasserwirtschaft nur Anlagen ab 20 MW, weshalb in der Übersicht nur wenige Biogaskraftwerke auftauchen und nicht ein einziges der seit Jahren zahlreich in Betrieb gehenden Windräder.

Das Gerede von der »Stromlücke« konterkariert auch eine andere Zahl: **2007 haben die deutschen Energieversorger 14 Terawattstunden (TWh) Strom exportiert (und zwar netto, also abzüglich aller Importe), das entspricht der Leistung von zwei bis drei großen Kohlekraft- oder Akw-Blöcken.** Und das, obwohl über Monate mehrere Atomreaktoren stillstanden.

»Es wird keine Probleme geben, wenn sich alle an das Klima- und Energieprogramm der Bundesregierung halten, das eine starke Steigerung der Energieeffizienz vorsieht«, zitiert die *Süddeutsche* in ihrem Bericht Andreas Troge, den Chef des Umweltbundesamtes (übrigens ein CDU-Mann). Aber es ist das einzige relativierende Zitat, und in dem vierspaltigen Gesamttext geht es ziemlich unter.

ENERGIE

TelDaFax

Sehr gute Geschäfte mit »Ökostrom«

Sie wollen Ökostrom? Sehr gut! Sie wollen billigen Ökostrom? Vorsicht! »Sunpower« heißt ein Angebot der Troisdorfer Firma TelDaFax, das in etlichen Strompreis-Vergleichstabellen weit oben rangiert. Der angebotene Strom stammt allerdings nicht – wie der Name nahelegt – aus Solaranlagen, sondern – wie ein Blick auf die Firmenhomepage zeigt – aus Wasserkraftanlagen. Und TelDaFax produziert den Ökostrom auch nicht selbst, sondern ist nur Zwischenhändler.

Das Prinzip, wie es im Internet erklärt wird, klingt denkbar einfach: Durch einen Öko-Aufpreis von einem Cent pro kWh auf den normalen Haushaltstarif könne man zum Ökostrom-Kunden werden:

> Der Preis, den Sie als Verbraucher für den grünen Strom zahlen, spiegelt den Mehrpreis bei der Erzeugung der dahinter liegenden Ökostrommenge gegenüber konventionell erzeugtem Strom. Bei uns zahlen Sie für diesen Mehrpreis nur 1 Cent pro Kilowattstunde, eventuelle Mehrkosten übernimmt die TelDaFax.

Das TelDaFax-Angebot basiert auf sogenannten RECS-Zertifikaten – diese Scheine kann man sich als Stromgroßhändler z. B. bei Wasserkraftwerks-Besitzern kaufen und damit die saubere Herkunft einer

| LUFTFAHRT | MEDIEN | ÖLINDUSTRIE | POLITIK |

bestimmten Menge Stroms nachweisen. Das erklärt TelDaFax auch auf der eigenen Internetseite. Den Preis solcher RECS-Zertifikate aber nennt die Firma nicht: Sie liegen bei ca. 0,05 Cent pro Kilowatt-Stunde.

> Mit diesen Zertifikaten kann er – ganz legal – preiswerten Strom aus Atom- oder Kohlekraftwerken, den er anderswo einkauft, zu Ökostrom umetikettieren. Zwar darf der Wasserkraftwerks-Betreiber im Gegenzug jenen Strom, für den er RECS-Zertifikate verkauft hat, eigentlich nicht mehr als Ökostrom vermarkten. Aber viele seiner Abnehmer wird dieser Papierkram nicht interessieren. – Eine ausführliche Erklärung und Kritik dieses schwer durchschaubaren RECS-Systems: www.heise.de/tp/r4/artikel/26/26671/1.html

Übernimmt also TelDaFax nicht nur generös »eventuelle Mehrkosten«, sondern behält einfach die Differenz?

Anruf bei der TelDaFax-Hotline. Ein junger Mann preist den eigenen Ökostrom und den »niedrigen Preis« an. Der Öko-Aufschlag betrage nur einen Cent, und »damit werden Betreiber von Solar- und Windkraftanlagen gefördert«, versichert er.

> »RECS ist eine Organisation, welche die Förderung regenerativer Energie zum Ziele hat«, heißt es auf der TelDa-Fax-Website – das ist nicht verkehrt, aber nur die halbe Wahrheit. Der Verein RECS Deutschland e. V. ist keine Umweltorganisation, sondern ein Zusammenschluss von großen Stromerzeugern, -händlern und -prüfern. – TelDaFax hat seine Website inzwischen neu gestaltet, der hier gezeigte Screenshot findet sich deshalb dort nicht mehr.

Nachfrage: »Aber ich hab' gelesen, diese RECS-Zertifikate kosten nur 0,05 Cent pro kWh. **Wohin fließen denn die restlichen 0,95 Cent?**«

Da fängt der junge Mann an zu drucksen. Das wisse er nicht, aber er frage mal den Teamleiter. Etwa eine Minute lang gibt es Musik aus der Warteschleife, dann die Antwort: »Keine Ahnung!«

Ob man denn den Teamleiter sprechen könne? »Nein«, lautet die Antwort, »ich glaube, der weiß es selbst nicht.«

KONSUM

Tetra Pak

Ein Kreislauf mit Ecken und Kanten

Größer geht's kaum: In doppelseitigen Anzeigen in überregionalen Zeitungen und Magazinen und außerdem auf 300 Millionen Getränkekartons macht Tetra Pak – wie es das Unternehmen selbst nennt – »Werbung für die Umwelt«. Blickfang ist stets ein Kiefernsetzling – denn Papier und damit Holz ist der Hauptbestandteil von Getränkekartons. Und dieser »nachwachsende Rohstoff« sei »unendlich verfügbar«, umwirbt der schwedische Verpackungskonzern umweltbewusste Kunden. Natürlich fehlt auch der Verweis aufs Klima nicht: Das Unternehmen wolle die eigenen Kohlendioxid-Emissionen bis 2010 um zehn Prozent senken, heißt es, und auch der Verbraucher könne mit Getränkekartons seine CO_2-Bilanz verbessern.

So sehr scheint man bei Tetra Pak von sich selbst begeistert zu sein, dass einiges durcheinandergerät. **Vom »natürlichen Kreislauf« der Getränkekartons ist beispielsweise in einigen der Zeitungsanzeigen die Rede,** und in der zugehörigen Grafik verbindet ein kreisförmiger Pfeil die Stationen Bäumchen, Wald, Kartonfabrik, Molkerei, Verbraucher und gelbe Sammeltonne. Am Ende zeigt der Pfeil wieder auf den

Anfang, nämlich den Setzling. **Doch das ist verkehrt, aus alten Tetra Paks werden keine neuen hergestellt –** aus den einzelnen Bestandteilen des Verbundkartons werden am Ende andere, meist minderwertigere Produkte. Die Deutsche Umwelthilfe (DUH) nennt das Prinzip deshalb nicht »Recycling«, sondern »Downcycling« – nur eignet sich dieser Begriff nicht so gut für die Imagewerbung von Tetra Pak.

Korrekterweise schreibt der Konzern im klein gedruckten Text zur großen Kreislaufgrafik, dass »alle Bestandteile« der Kartons »zu hundert Prozent verwertet werden können«. In der Praxis bedeutet das: Alte Tetra Paks werden (zum Teil nachdem sie nach Finnland gekarrt wurden) in riesigen Trommeln eingeweicht, um den Papieranteil zurückzugewinnen – daraus entsteht dann beispielsweise Wellpappe. Das in den Kartons enthaltene Aluminium wird zum großen Teil in Zementfabriken eingeschmolzen. Und die Plastikabfälle werden schlicht verbrannt. Tetra Pak drückt das natürlich malerischer aus: Sie seien »als Energielieferant in der Industrie sehr begehrt«. Und selbst Tetra Pak gibt zu, dass mindestens ein Drittel aller hierzulande verkauften Kartons gar nicht in der Sammeltonne landet. **Das »lange Leben eines Getränkekartons«, von dem das Unternehmen schreibt, ist also in Wahrheit ziemlich kurz.** Glas-Mehrwegflaschen dagegen leben wirklich lange, sie wandern bis zu 50 Mal zum Beispiel zwischen Molkerei und Verbraucher hin und her. Und können am Ende auch tatsächlich wieder zu neuen Flaschen eingeschmolzen werden.

Deutlich CO_2-sparend sind Tetra Paks nur im Vergleich mit Einwegflaschen aus Plastik, die seit einiger Zeit immer beliebter werden. Die Verpackung beispielsweise von einem Liter Saft im Karton verursacht nur etwa halb so viel Treibhausgase wie die Nutzung von PET-Behältern. Das haben Studien im Auftrag von Tetra Pak & Co. ebenso ergeben wie eine detaillierte Studie des Umweltbundesamtes vor mittlerweile zehn Jahren (die das Unternehmen in seinen Annoncen denn auch erwähnt). Damals hatte die Behörde nach eingehender Untersuchung Mehrwegflaschen und Getränkekartons *gleichermaßen* als »ökologisch vorteilhaft« eingestuft – weil beide Verpackungssysteme in Umweltbilanzen etwa gleichauf lagen und deutlich besser abschnitten als Einwegflaschen oder Getränkedosen.

Tetra Pak aber versucht, diesen amtlichen Ritterschlag umzudeuten – und das eigene Produkt als »ökologisch vorteilhaft« *gegenüber* Mehrwegflaschen aus Glas darzustellen. Auf seiner Internetseite zum Thema Umwelt gibt es beispielsweise eine Broschüre zum Herunterladen, in der gegen den »Mehrweg-Mythos« polemisiert wird. Groß werden da die Vorteile gegenüber Glasflaschen hervorgehoben:

> Transport: Der Verbundkarton profitiert von der günstigen Raumausnutzung, d. h. von seinen kompakten Abmessungen und der Möglichkeit zum platzsparenden Stapeln. Beispiel Mineralwasser: Während in 0,7-Liter-Mehrweg-Glasflaschen pro Palette 403 Liter Wasser transportiert werden können, sind es im Karton 720 Liter. Hinzu kommt, dass der Karton im Vergleich zur Glasflasche erheblich leichter ist. Er wiegt nur 30 Gramm pro Liter Inhalt, die Flasche dagegen 850 Gramm.

Falsch ist dies nicht. Nur wird Mineralwasser nur höchst selten in Getränkekartons abgefüllt. Und die Vorteile von Mehrwegflaschen gegenüber Verbundkartons erwähnt Tetra Pak mit keinem Wort.

Beim Umweltbundesamt war man deshalb alles andere als glücklich, von dem Konzern als Zeuge in seiner grünen Werbekampagne benutzt zu werden. Denn der prinzipielle Ratschlag der Behörde lautet: **Wer als Konsument das Beste will für Umwelt und Klima, der sollte zu Milch oder Saft in Glas-Mehrwegflaschen greifen, die von einer Molkerei oder Kelterei in der Nähe geliefert werden.** Auch Andreas Detzel, Verpackungsexperte beim Heidelberger Umwelt-Institut IFEU, sagt: »Aus unserem Erfahrungshintergrund ist eine Mehrwegflasche – mit einem regionalen Produkt und regional vertrieben – die ökologisch vorteilhafteste Wahl.«

<u>Bis etwa hundert Kilometer</u> nämlich schlägt das höhere Gewicht von Glasflaschen und der damit verbundene zusätzliche Spritverbrauch von Auslieferer-Lkw weniger stark zu Buche als der Energieaufwand, der mit Produktion und Recycling von Kartonverpackungen verbunden ist. Allerdings war dieses Optimalszenario in der UBA-Studie von vor zehn Jahren nicht untersucht worden – denn es gebe zu wenige kleine Molkereien oder regionale Getränkeabfüller, lautete damals die Begründung.

> Bei Mehrwegflaschen aus PET-Plastik, die einige regionale Mineralbrunnen statt der traditionellen Glas-Gemeinschaftsflaschen bereits eingeführt haben, beträgt die Grenze etwa 200 Kilometer. Was aber eben auch bedeutet, dass es ziemlicher Blödsinn ist, beispielsweise in Berlin bayerische Biomilch oder französisches Mineralwasser in Mehrwegflaschen zu kaufen.

In seinen doppelseitigen Zeitungsannoncen schreibt Tetra Pak vollmundig:

> Mit einem Getränkekarton von Tetra Pak erhält der Verbraucher die Garantie für eine umweltfreundliche Verpackung, die im Einklang mit der Natur steht. Manchmal ist Umweltschutz ganz schön einfach

Doch eine »Garantie« für CO_2-Einsparung ist der Verbundkarton nur, wenn man dafür eine PET-Einwegflasche stehen lässt.

Manchmal ist Umweltschutz ganz schön schwierig.

| KONSUM | LUFTFAHRT | MEDIEN | ÖLINDUSTR |

TUIfly

Fliegen ist prima fürs Klima

Dachten Sie bisher, Fliegen sei nicht gut für die Umwelt? Sie glaubten gar zu wissen, dass Flugzeuge die klimaschädlichsten Verkehrsmittel überhaupt sind? Dann schauen Sie mal, was die drittgrößte deutsche Fluggesellschaft, TUIfly, auf ihrer Internetseite schreibt:

| POLITIK | AUTOS | ENERGIE | FORSCHUNG |

Super, was? Dort kann man mit einer Flugbuchung die Umwelt schützen!

Seit gut einem Jahr kooperiert das in Hannover ansässige Unternehmen mit myclimate, einem Schweizer Anbieter von Klimakompensationsmaßnahmen. Dessen Prinzip klingt verlockend: Den Klimaschaden, den man durch eigenes Verhalten anrichtet, lässt man an anderer Stelle ausgleichen – zum Beispiel, indem man Geld gibt für Windräder in der Dritten Welt. Doch wer garantiert, dass dieses Windrad nicht sowieso gebaut worden wäre? Und wer kann exakt dessen Effekt beziffern? Zudem nennen Kritiker das Ganze **einen modernen Ablasshandel,** weil sich Reiche damit bequem von eigenen Sünden freikaufen könnten. Besser als Kompensation sei sowieso eine Vermeidung oder Minderung des Klimaschadens – also zum Beispiel mit dem Zug in den Urlaub zu reisen statt mit dem Flugzeug.

Dies findet TUIfly (Werbeslogan: »Übers Wochenende nach Sylt jetten! Ab 29 Euro«) natürlich keine so tolle Idee. Stattdessen ruft die Firma also ihre Kunden während der Buchung dazu auf, eine »freiwillige Spende« zu leisten – von dem gesammelten Geld, so das Versprechen, sollen Familien in Eritrea brennstoffsparende Kocher erhalten. Das so vermiedene CO_2 soll der Emission des Flugpassagiers entsprechen.

Wählt man zum Beispiel einen Hin- und Rückflug von Hannover nach Las Palmas, erscheint auf der TUIfly-Website dies:

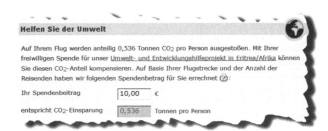

Komischerweise wird, wenn man aber auf der Website von Partner myclimate exakt denselben Flug kompensieren will, ein erheblich teureres Angebot unterbreitet:

Für denselben Flug werden dort also nicht nur viel höhere Kosten ausgewiesen, auch die Menge des auszugleichenden Kohlendioxids ist bei myclimate mit knapp 1,6 Tonnen dreimal so groß wie bei TUIfly.

Des Rätsels Lösung: Bei der Fluggesellschaft werden nur die direkten CO_2-Emissionen berücksichtigt. **Der Klimaschaden durchs Fliegen aber ist in Wahrheit viel größer, weil Düsentriebwerke neben Kohlendioxid noch andere Schadstoffe ausstoßen und die Emissionen in besonders empfindlichen Schichten der**

| KONSUM | **LUFTAHRT** | MEDIEN | ÖLINDUSTRIE |

Erdatmosphäre frei werden. Der CO_2-Ausstoß eines Flugzeugs wird deshalb üblicherweise mit dem sogenannten RFI-Faktor (»Radiative Forcing Index«) multipliziert, um den von ihm verursachten Klimaschaden zu errechnen. Der Weltklimarat IPCC hat 1999 als realistischen Faktor irgendwas zwischen 2 und 4 vorgeschlagen. »Nach Schätzung des Umweltbundesamtes liegt er zwischen 3 und 5«, heißt es in einem von den obersten deutschen Umweltbeamten herausgegebenen Leitfaden zur Klimakompensation, »das heißt, die Klimawirkung des Flugverkehrs ist mindestens 3-mal und höchstens 5-mal so groß wie die Wirkung des ausgestoßenen Kohlendioxids allein.«

> Hier geht's zum Download:
> www.umweltbundesamt.de/uba-info-presse/2008/pd08-073.htm

Andere Umweltschäden – etwa die Gesundheitsbelastung von Flughafenanwohnern durch Fluglärm – fallen bei Kompensationsangeboten sowieso unter den Tisch.

TUIfly hat für seine Kunden also eine sehr günstige Offerte zur Gewissensberuhigung – bei der natürlich alles korrekt formuliert ist. Denn stets ist bei TUI nur von einer Kompensation des Kohlendioxids die Rede, der Rest der Geschichte wird einfach verschwiegen (und die meisten Kunden werden vom RFI-Faktor noch nie gehört haben).

Spricht man myclimate, immerhin eine gemeinnützige Stiftung, auf die Diskrepanz der Angebote an, hat die Sprecherin ein hörbar schlechtes Gewissen. Keine Fluggesellschaft weltweit, erklärt sie, erkenne die Sache mit dem RFI-Faktor überhaupt an. Was TUIfly macht, sei immerhin »ein erster Schritt« – der innerhalb eines Jahres 420 000 Euro Spenden brachte. »Wir wollen die große Gruppe der Leute erreichen, die sich sonst gar keine Gedanken übers Klima machen«, sagt die myclimate-Sprecherin.

So wie TUIfly die Klimakompensation vermarktet, brauchen sie sich auch künftig keine Gedanken zu machen.

AUTOS | **ENERGIE** | FORSCHUNG | KONSUM

Vattenfall

Die Windmacher

| LUFTFAHRT | MEDIEN | ÖLINDUSTRIE | POLITIK |

Eine junge Frau, lange Haare, vom Wind zersaust – mmmh, das kommt gut. So etwa werden die Werber von Vattenfall gedacht haben bei der Gestaltung ihrer Anzeige für die Februarausgabe 2008 der *German Times*, wo auch schon Konkurrent EnBW sein grünes Image poliert hat.

»For your future, we are harnessing a natural energy source: wind«, reklamiert der drittgrößte deutsche Energieerzeuger da (zu Deutsch etwa: »Für deine Zukunft spannen wir die Windenergie ein«). Was etwas überraschend kommt, wo doch gerade ein Prozent des hierzulande von Vattenfall erzeugten Stroms aus Windkraftanlagen stammt. In seiner schwedischen Heimat besitzt der Konzern zwar zahlreiche Wasserkraftwerke und betreibt in ganz Skandinavien etliche Windparks. Aber **den Vattenfall-Strom für Deutschland liefern vor allem Braunkohle- und Atomkraftwerke.**

> Diese Zahl nennt Greenpeace für 2003 (http://www.greenpeace.de/fileadmin/gpd/user_upload/themen/klima/GP_report_Gegen_den_Strom.pdf) – aber daran hat sich, wie die Vattenfall-Pressestelle auf Anfrage sagte, »wenig geändert«.

Nun wollen wir nicht glauben, dass Vattenfall in seiner Anzeige schwindeln will – und nehmen deshalb an, dass man sich in der Werbeabteilung dieses multinationalen Unternehmens einfach ganz gut mit der englischen Grammatik auskennt: Die Zeitform *present continuous* (»are doing something«) nämlich wird meist für Tätigkeiten verwendet, die in dem Moment ausgeführt werden, in dem man von ihnen spricht. Aber man kann in *present continuous* auch ausdrücken, was für die Zukunft fest geplant ist.

| AUTOS | ENERGIE | FORSCHUNG | KONSUM |

Und dass es genau darum geht, offenbart das Kleingedruckte unten rechts in der Annonce:

> We're exploring new horizons 40 km off the coast of Borkum. Our pilot project takes cutting-edge technology to where the wind is the strongest.
> **www.vattenfall.de/erneuerbareenergien**

Vattenfall investiert derzeit in den Offshore-Windpark »Alpha Ventus« 45 Kilometer vor der Insel Borkum, gemeinsam mit den Konkurrenten E.on und RWE übrigens. Geplante Inbetriebnahme: Ende 2009.

| AUTOS | ENERGIE | FORSCHUNG | KONSUM |

Vattenfall

Der Mythos »CO$_2$-frei«

Der Energieversorger Vattenfall hat einen schönen Namen – er bedeutet auf Schwedisch »Wasserfall«. Seine Geschäftspolitik, zumindest in Deutschland, ist weniger schön: Stärker als alle anderen Stromkonzerne setzt Vattenfall auf die klimaschädliche Kohle. Allein die von ihm betriebenen Braunkohlekraftwerke in Brandenburg, Sachsen und Sachsen-Anhalt stoßen jährlich mehr als 60 Millionen Tonnen Kohlendioxid aus – das ist zum Beispiel etwa zehnmal so viel, wie alle 80 Millionen Äthiopier pro Jahr verursachen.

Stärker als alle anderen Energieversorger rührt Vattenfall deshalb die Trommel für die sogenannten CCS-Technologie (»Carbon Capture and Storage«), bei der Kohlendioxid im Kraftwerk abgefangen und unterirdisch gelagert werden soll – denn es wird die einzige Chance sein, in Zeiten eines fortschreitenden Klimawandels noch Kohlekraftwerke betreiben zu können. CCS ist für Vattenfall fast gleichbedeutend mit Klimaschutz, und die Firmenhomepage sieht aus, als seien der Stromverkauf oder Informationen für Aktionäre eher nebensächlich.

Vattenfall schaltet Anzeigen für CCS, klebt Pla-

| LUFTFAHRT | MEDIEN | ÖLINDUSTRIE | POLITIK |

kate, hält im Internet reihenweise Erklärfilme über die Technologie bereit – und sogar eine Webcam, mit der sich Tag und Nacht der Baufortschritt der CCS-Anlage neben dem alten Kraftwerk Schwarze Pumpe verfolgen lässt. Zu den wichtigsten Fragen aber finden sich bemerkenswert wenige Antworten: Wann ist die Technologie großtechnisch einsatzfähig? Wie teuer wird sie sein? Wird das abgespaltene CO_2 wirklich dauerhaft unter der Erde bleiben? Wer haftet? Wer bezahlt dafür, dass die Dichtheit der unterirdischen Müllhalden jahrhundertelang überwacht wird? Und was soll überhaupt mit den Kohlekraftwerken passieren, die jetzt schon laufen oder gerade gebaut werden?

Vollmundig heißt es etwa:

Doch was **Vattenfall bisher gebaut hat, ist eine winzige Pilotanlage in Brandenburg.** Deren Kapazität gibt das Unternehmen gern mit 30 Megawatt an – doch das ist nur die thermische Leistung des Blocks. Seine elektrische Leistung, mit der üblicherweise die Größe von Kraftwerken benannt wird, beträgt nur etwa fünf Megawatt – so viel, wie heute bereits eine einzige große Windkraftanlage liefern kann. Der Weg bis zur großtechnischen Einsatzreife ist noch sehr, sehr weit, denn üblich sind heutzutage Kraftwerksblöcke von 800 Megawatt.

Vattenfall, RWE, E.on & Co. planen derzeit in Deutschland etwa zwei Dutzend neue Kohlekraftwerke – und wenn es Proteste gibt, wird gern auf die künftige CCS-Technologie verwiesen. Doch eine Nachrüstung bestehender Anlagen ist praktisch unmöglich. Zwar hat sich Vattenfall beim Projekt in Hamburg-Moorburg sogar schriftlich dazu verpflichtet (und bekam daraufhin von der damals noch allein regierenden CDU einen Baubeginn vor der unsicheren Bürgerschaftswahl genehmigt). Doch die Technologie, an der Vattenfall in der Lausitz forscht, passt für die Anlage in Hamburg überhaupt nicht. Und die entsprechende Vereinbarung mit dem Senat vom Dezember 2007 lässt Hintertüren offen, die groß sind wie Scheunentore: Der Konzern hat lediglich zugesichert, »zum frühestmöglichen Zeitpunkt eine CO_2-Reduktionstechnologie nach dem dann vorhandenen Stand der Technik« zu bauen.

> Vattenfall räumt das auf Nachfrage sogar ein: www.klima-luegendetektor.de/2008/02/20

Bei Vertragsverletzung muss Vattenfall drei Jahre lang 3,5 Millionen Euro Strafe zahlen. Angesichts der zu erwartenden hohen Betriebskosten einer CO_2-Abscheidung ist diese Summe ein Witz, angesichts des Vattenfall-Jahresgewinns von 1,6 Milliarden Euro (2007) sowieso.

Die Kosten dürften sowieso der größte Stolperstein für die CCS-Technologie werden. Ein Auffangen des Kohlendioxids ist sehr energieaufwendig – bei einem kürzlich beendeten Pilotprojekt im dänischen Esbjerg schluckte dieser Prozess ein Drittel der gesamten Kraftwerksleistung. **Um dieselbe Menge Elektrizität zu erzeugen, so schätzen Experten, müsste ein Kraftwerk mit CO_2-Abscheidung etwa 40 Prozent mehr Kohle verfeuern als ohne.** Auch zwei Vorhaben im US-Bundesstaat Illinois und im norwegischen Trondheim wurden wegen ausufernder Kosten im Jahr 2008 gestoppt. Für jede per CCS aufgefangene Tonne Kohlendioxid sei mit 26 bis 37 Euro zu rechnen, errechnete das Büro für Technikfolgenabschätzung des Deutschen Bundestages. Das Wuppertal Institut für Klima, Umwelt, Energie kam nach einer gründlichen Analyse denn auch zu einem ernüchternden Ergebnis: »Schon im Jahr 2020, dem Jahr der voraussichtlich frühesten kommerziellen Verfügbarkeit der CCS-Technologie, dürften eine Reihe von erneuerbaren Energietechnologien zu vergleichbaren oder günstigeren Konditionen Strom anbieten.«

> Zum Download: www.wupperinst.org/de/projekte/themen_online/carbon_capture_and_storage/index.html; die Bundestagsstudie: www.tab.fzk.de/de/projekt/zusammenfassung/ab120.htm

Bei alledem fällt der gröbste Schnitzer von Vattenfall schon fast nicht mehr ins Gewicht: **CCS-Kraftwerke sind gar nicht »CO$_2$-frei«.** Die kleine Berliner Solarfirma Soline erwirkte im Dezember 2007 vor dem dortigen Landgericht gegen Vattenfall eine Einstweilige Verfügung auf Unterlassung dieser Vokabel. Nicht umsonst meidet das »Informationszentrum klimafreundliches Kohlekraftwerk«, das Propagandabüro der deutschen Kohlewirtschaft, den Begriff und verspricht – ganz korrekt – bloß »deutlich weniger« Kohlendioxid. Denn die geplanten CCS-Anlagen werden es niemals schaffen, das CO$_2$ im Kraftwerk vollständig aufzufangen. Beim Transport in Pipelines und der unterirdischen Einlagerung des Klimagases wird auch immer etwas danebengehen.

Je nach eingesetzter Technologie bleibt es laut Wuppertal Institut bei CO$_2$-Emissionen von bis 262 Gramm pro Kilowattstunde erzeugtem CCS-Strom. Das wäre zwar weniger als bei manchen Erdgaskraftwerken, aber viel mehr als Windkraft- oder Biogas-Anlagen verursachen. In einer Fußnote ihrer Studie bringen es die Wuppertaler Experten auf den Punkt:

> Die Begriffe „emissionsfrei", „CO$_2$-frei" bzw. „clean" sind irreführend, da mit heutiger Technologie nur eine CO$_2$-Minderung am Kraftwerk von ca. 80 Prozent bis max. 95 Prozent gegenüber konventionellen Kraftwerken möglich ist. Darüber hinaus werden je nach Technologie unvermindert weitere Schadstoffe (SO$_2$, NO$_x$, Stäube usw.) ausgestoßen, ggf. wegen des erhöhten Energiebedarfs sogar in größeren Mengen als im Referenzfall.

| AUTOS | ENERGIE | FORSCHUNG | KONSUM |

Vattenfall

Alibi-Unterschriften fürs Klima

Angriff ist die beste Verteidigung. Und wenn man einer der deutschland- und europaweit größten Verursacher von Kohlendioxid ist, dann setzt man sich einfach an die Spitze der Klimaschutzbewegung. Oder man tut so. In den USA ist es schon lange üblich, dass Unternehmen oder Wirtschaftsverbände sogenannte »Front Groups« gründen, die wie Bürgerinitiativen daherkommen: Die Tabakindustrie beispielsweise fördert ein »Zentrum für Konsumentenfreiheit« – das gegen die Einschränkung des Zigaretten- oder Alkoholkonsums auftritt. Die »Bürger für eine bessere Krankenversicherung« werden von der Pharmaindustrie gesponsert. Die »Artenschutz-Allianz« wurde von Ex-Mitarbeitern der Holzindustrie gemacht und setzte sich für eine Aufweichung der US-Naturschutzgesetze ein.

> Die folgenden und viele weitere Beispiele hat die Lobbyismus-kritische US-Organisation Center for Media and Democracy zusammengetragen: www.sourcewatch.org/index.php?title=Portal:Front_groups

An solchen Vorbildern scheint sich Vattenfall ein Beispiel genommen zu haben, als der Konzern im Herbst 2008 eine europaweite Kampagne unter dem Motto »Verbraucher gegen den Klimawandel« star-

tete. Die hat alles, was sich viele Bürgerinitiativen oder Umweltverbände nicht leisten können: eine überaus schicke Website, großformatige Zeitungsanzeigen und bezahlte Hostessen, die zum Beispiel auf dem Berliner Alexanderplatz Passanten ansprechen (»Sind Sie für den Klimaschutz?«).

http://klimaunterschrift.vattenfall.de

Mit großem Aufwand ruft Vattenfall die Bürger Europas also auf, eine »Klimaerklärung« zu unterschreiben, die sich an die »Entscheider« in der Politik richtet. Aber schauen wir uns doch mal die Forderungen an – und was sie wirklich bedeuten:

> UNTERSCHREIBEN SIE DIE ERKLÄRUNG
>
> ➲ Wir brauchen einen weltweit gültigen Preis für die Belastung mit CO_2-Emissionen

Klar, das wär' fein für Vattenfall! Es würde nämlich ewig dauern, ehe sich die ganze Welt auf einen Preis für Verschmutzungszertifikate einigt – und bis dahin kann der Konzern seine dreckigen Kohlekraftwerke in Ruhe weiterlaufen lassen. In Berlin und Brüssel hat sich Vattenfall übrigens sehr dafür stark gemacht, dass die Verschmutzungszertifikate im EU-Emissionshandel kostenlos verteilt werden.

> ➲ Wir brauchen mehr Förderung für klimafreundliche Technologien.

| LUFTFAHRT | MEDIEN | ÖLINDUSTRIE | POLITIK |

Genau, Vattenfall verdient viele Hundert Millionen Euro durch die Verstromung der klimaschädlichen Braunkohle in Deutschland – und lässt sich dann vom Staat die Forschung finanzieren, mit der irgendwann vielleicht das CO_2 in den Anlagen abgefangen werden könnte.

➲ Wir brauchen Klimaschutzstandards für Produkte

Jawohl, Klimaschutz ist vor allem Sache der Verbraucher! Sollen die sich doch ums Energiesparen kümmern. Klimaschutzstandards für Kraftwerke hingegen, beispielsweise Grenzwerte für den Ausstoß von Kohlendioxid – <u>dafür würde Vattenfall niemals Unterschriften sammeln.</u>

Unter http://klimaunterschrift-vattenfall.de hat Greenpeace eine Persiflage der Vattenfall-Homepage ins Netz gestellt – samt einer Klimaresolution, die der Konzern garantiert nicht unterschreiben würde.

Viel ist bei Vattenfall von der »Macht der Konsumenten« die Rede, die durch »Transparenz und Vergleichsmöglichkeit« freigesetzt werde. Auf seiner Website gibt das Unternehmen dann auch konkrete Tipps.

Was Sie tun können

Selbst kleine Veränderungen Ihres täglichen Verbrauchsverhaltens können langfristig viel ausmachen, z. B.:

Wechsel zu einem Hybridauto: 700 kg CO_2 /Jahr
10 Energiesparlampen: 60 kg CO_2 /Jahr
Hähnchen statt Rindfleisch: 160 kg CO_2 /Jahr

Allein diese Veränderungen bewirken eine Minderung um 0,9 t, d.h. um 1/4 der erforderlichen Minderung, um den Klimawandel zu stoppen.

| AUTOS | ENERGIE | FORSCHUNG | KONSUM |

Im Sinne von »Transparenz und Vergleichsmöglichkeit« sei hier eine weitere Möglichkeit zur Minderung der eigenen Emissionen ergänzt:

Wechsel von Vattenfall zu einem Ökostromanbieter: ca. 2800 kg CO_2/Jahr.

Der Strom, den Vattenfall hierzulande verkauft, verursacht nämlich pro Kilowattstunde zwischen 655 und 734 Gramm Kohlendioxid. **Ein Wechsel zu Öko-Energie von einem Konkurrenten wie Lichtblick oder Naturstrom würde für die CO_2-Bilanz** eines durchschnittlichen Vier-Personen-Haushaltes (bei 4000 kWh Jahresverbrauch) also **dreimal so viel bringen wie alle Vattenfall-Tipps zusammengenommen.**

> Diese Werte weist Vattenfall gemäß der gesetzlichen Stromkennzeichnung aus – wie bei allen Anbietern fließt dabei aber der allgemeine Ökostromanteil ein, der nach dem Erneuerbare-Energien-Gesetz sowieso im Netz ist. Betrachtet man nur den in eigenen Kraftwerken erzeugten Strom, dann ist der Konzern (laut dem von Greenpeace herausgegebenen »Schwarzbuch Vattenfall«) mit 890 g/kWh Deutschlands dreckigster Energieversorger.

| POLITIK | AUTOS | ENERGIE | FORSCHU...

Verband der Automobilindustrie

Das sind nicht »unsere Autos«!

Seit mindestens hundertfünfzig Jahren kennen Politiker in aller Welt diese Erfolg versprechende Strategie: Wenn man von hausgemachten Problemen ablenken, seine Macht sichern oder andere Interessen bemänteln will, dann ziehe man einfach die nationalistische Karte. In der – wie sich leider gezeigt hat begründeten – Hoffnung, das einfache Volk werde schon drauf hereinfallen.

In den vergangenen Jahren hatten die deutschen Autokonzerne den Klimawandel so gründlich verschlafen, dass selbst Volker Kauder, der aus dem Auto-Ländle Baden-Württemberg stammende Chef der CDU/CSU-Bundestagsfraktion, ihnen dafür in Zeitungsinterviews schon öffentlich die Leviten gelesen hat. Bei kleinen und sparsamen Autos haben ausländische Hersteller einen Vorsprung, den die deutschen nun mühsam versuchen aufzuholen. Die Zwischenzeit muss mit PR-Kampagnen überbrückt werden, beispielsweise mit dem »Umwelt-Autosommer«, den die deutsche Autolobby VDA 2008 veranstaltete.

»Autos und Deutschland gehören zusammen«, dichtete der VDA dazu. Für die Internetseite zur Kampagne wählte er eine kollektiv-appellative Adresse: www.unsere-autos.de. Und auch das Logo versuchte, in Schwarz-Rot-Gold das Nationalgefühl der Autokäufer zu rühren.

Wenn es um Deutschland geht, ist natürlich die *Bild* nicht weit. Auf deren Internetseite und in der gedruckten Zeitung durften Audi, BMW & Co. klimaschonende Modelle vorstellen. Bei einem Preisausschreiben wurden 500 Testfahrten über je zwei Wochen inklusive Tankgutscheinen verlost, außerdem gab es 15 Autos zu gewinnen. »Dank neuester Technologien aus deutschen Entwicklungsabteilungen«, hieß es im Kleingedruckten der Zeitungsannonce, »sind unsere neuen Autos besonders effizient, spritsparend und umweltfreundlich.«

In der Tat haben die deutschen Autobauer mittlerweile eine Reihe von Fahrzeugen im Angebot, die bis zu 140 Gramm Kohlendioxid pro gefahrenem Kilometer ausstoßen – aber bislang verkauften sie sich eher mäßig, auch weil in der Werbung der Konzerne und in den Autohäusern die dicken Autos und die mit den großen Motoren in der ersten Reihe stehen. Auf der Kampagnenhomepage gab es nun eine Liste mit 120 »umweltfreundlichen Modellen« zum Download. Doch ein Blick in die Liste offenbarte, dass auch Fahrzeuge mit mehr als 140 g/km draufstanden – oder mit offenbar geschönten Werten verzeichnet waren. Für einen Audi A3 Sportback 2.0 TDI beispielsweise wurden hier 134 g/km genannt – der offizielle DAT-Leitfaden 2008 aber gibt für das identische Modell mit identischem Motor und Getriebe 148 g/km an. Beim A-Klasse-Mercedes 200 CDI beträgt der CO_2-Ausstoß laut dieser Broschüre 141–149 g/km – in der VDA-Kampagnenliste aber lag er mit 138–140 g/km knapp unter dem Grenzwert. **Ein Katalog mit nur 120 sparsamen Fahrzeugvarianten wäre bei sieben teilnehmenden Automarken sowieso schon mau; zieht man die dazugeschummelten Modelle ab, sieht es noch jämmerlicher aus.**

> Das ist eine Broschüre, die jährlich von der »Deutschen Automobil-Treuhand GmbH« im Auftrag auch des VDA erstellt wird und in allen deutschen Autohäusern für Kunden kostenlos bereitgehalten werden muss. Übrigens nennt auch das CO_2-Verzeichnis des KBA höhere Werte (Audi: 143–146 g/km, Mercedes: 141–149 g/km).

| POLITIK | AUTOS | ENERGIE | FORSCHUNG |

Einen Ausstoß von 140 g/km für Neuwagen, den der VDA in seiner Kampagne als Grenze ansetzt, hatten sich die europäischen Autokonzerne vor zehn Jahren in einer Selbstverpflichtung auferlegt – aber nicht für einzelne Modelle, sondern als Durchschnitt ihrer gesamten Neuwagenflotte. Davon aber ist die Industrie weit entfernt, jedenfalls nach allem, was man weiß. Genaue Zahlen zur CO_2-Bilanz der *wirklich verkauften* Neuwagen von deutschen Herstellern veröffentlicht der VDA nämlich nicht. Die Hersteller selbst geben sie ebenfalls nicht heraus. Das Kraftfahrtbundesamt in Flensburg verfügt zwar über die Rohdaten, die für eine solche Berechnung notwendig wären. Aber, heißt es dort bedauernd, man ermittle amtlicherseits nur einen Durchschnittswert für *alle* Neuzulassungen. Eine Aufschlüsselung nach einzelnen Marken wäre zwar ohne viel Aufwand möglich, aber das sei brisant und werde vom vorgesetzten Bundesverkehrsministerium in Berlin nicht gewünscht.

Zumindest für 2006 aber gibt es (halb-)offizielle Zahlen. Auf einer Internetseite der EU-Kommission war im Jahr 2007 versehentlich und nur kurzzeitig eine mehr als 700-seitige Daten-Tabelle abrufbar, die detailliert Auskunft gibt über den Ausstoß der europäischen Fahrzeugflotten der vergangenen Jahre. Sie kursiert seitdem in Fachkreisen. Und aus dieser ergeben sich für die sieben Marken, die ihre Autos in der Kampagne »Unsere Autos« anpriesen, diese Zahlen (in der Annonce von links nach rechts): **Ford – 157 g/km, Audi – 188 g/km, Mercedes-Benz – 192 g/km, Volkswagen – 172 g/km, BMW – 187 g/km, Opel – 161 g/km.** Einzig die Marke Smart (ganz rechts) hat mit

einem Wert von 119 g/km die Klima-Selbstverpflichtung der Autoindustrie erfüllt. Ausgerechnet diese Autos aber werden nicht in »unserem« Deutschland gebaut, sondern im französischen Lothringen.

P.S.: Natürlich finden wir es ganz prima, dass die deutschen Automobilhersteller endlich auch Werbung für ihre klimaschonenderen Modelle machen.

| POLITIK | **AUTOS** | ENERGIE | FORSCHUNG |

Volkswagen

Grüne Werbung, graue Realität

»VW ist grün!«, jubelte Konzernchef Martin Winterkorn auf dem Pariser Autosalon 2008. Als Beleg führte er unter anderem die neuen BlueMotion-Sparvarianten von Golf und Passat an, die pro gefahrenem Kilometer nur 99 bzw. 101 Gramm Kohlendioxid ausstoßen sollen.

Auf demselben Showabend in der französischen Hauptstadt protzte der VW-Konzern mit einem neuen, viertürigen Lamborghini mit Zehn-Zylinder-Motor, einem 1000-PS-Bugatti und natürlich dem neusten Golf GTI, der es auf 240 km/h Spitzengeschwindigkeit und 178 g/km CO_2-Ausstoß bringt. Man habe »die sauberste Flotte«, behauptet Volkswagen jedenfalls. Aber fragt man in der Presseabteilung in Wolfsburg genauer nach, wie viel Kohlendioxid denn die wirklich verkauften Autos emittieren, antwortet die Sprecherin kühl, diese Daten veröffentliche man generell nicht.

Anscheinend aus gutem Grund, wie das *greenpeace magazin* kurz nach der Show berichtete: Aus den Rohdaten der Zulassungsstatistik des Kraftfahrt-Bundesamtes hatte das Hamburger Institut Oekopol detaillierte Klimabilanzen der deutschen Automarken errechnet. Demnach sieht die Realität hinter der Werbung etwas anders aus: **Der CO_2-Ausstoß der verkauften Neuwagenflotte von VW ist in den vergangenen Jahren nicht etwa gesunken, sondern deutlich gestiegen – von 162,5 g/km im Jahr 2002 auf 166,7 g/km 2007.**

Zwar hat VW inzwischen eine Reihe relativ klimaschonender Autos im Angebot; aber verkauft werden bisher offenbar eher die fetten Sportgeländewagen Touareg als der vernünftige Polo. Was auch daran liegen dürfte, dass im Marketing – nicht nur in Paris – meist die Spritschleudern im Vordergrund stehen. Kein Wunder: An großen Autos verdienen die Unternehmen pro Stück erheblich mehr als an kleinen.

> Die relativ klimaschonende BlueMotion-Variante des neuen Golf ist erst ab der zweiten Jahreshälfte 2009 lieferbar – und damit erst nach dem PS-Protz GTI.

| FORSCHUNG | **KONSUM** | LUFTFAHRT | MEDIEN |

Wibo-Werk Hamburg

Strom kommt aus der Steckdose, oder?

Im Spielfilm »Ödipussi« lädt der Stoffhändler Paul Winkelmann (gespielt von Loriot) die Psychologin Margarethe Tietze (Evelyn Hamann) zu einem Hefezopf in seine Wohnung ein, und um eine gemütliche Atmosphäre zu schaffen, kauft er einen Elektro-

| ÖLINDUSTRIE | POLITIK | AUTOS | ENERGIE |

kamin mit künstlicher Glut. Über Geschmack lässt sich bekanntlich nicht streiten.

Dagegen sind Effizienz und Umweltschädlichkeit verschiedener Heizungstypen messbar. Weshalb eine Postwurfsendung des Hamburger Wibo-Werkes einfach zu widerlegen ist: Seine Elektrokamine seien »Feinstaub und CO_2 frei«, so die kühne Behauptung. »Einfach hinstellen und einschalten«, heißt es weiter. Und das Hirn ausschalten, sollte man hinzufügen. **In Wahrheit ist Heizen mit Strom extrem ineffizient und obendrein teuer.** Verbraucherzentralen warnen deshalb seit Langem vor dem Kauf von Elektroöfen: Die eventuell günstigere Anschaffung werde durch die viel höheren laufenden Kosten später mehr als aufgehoben.

Und weil der Strom nicht einfach aus der Steckdose kommt, sondern hierzulande überwiegend aus Kohlekraftwerken, sind Elektroheizungen und -kamine alles andere als Feinstaub- und CO_2-frei. Laut einer Studie des Instituts für Zukunftsenergiesysteme (IZES) verursachen Elektroheizungen 3,6-mal mehr Kohlendioxid als moderne Gasbrennwertheizungen und sogar 13-mal mehr als Holzpelletheizungen. In schätzungsweise 1,4 Millionen Haushalten stehen hierzulande noch Nachtspeicheröfen – die einst von den Energieversorgern sogar gefördert wurden, damit die billigen »Grundlastkraftwerke« (zum Beispiel Akw) auch nachts weiterlaufen konnten. In Deutschland sind **Elektroheizungen für den Ausstoß von jährlich 30 Millionen Tonnen CO_2 verantwortlich – mehr als drei Prozent der gesamten**

www.bmu.de/energieeffizienz/downloads/doc/39929.php

deutschen Emissionen. Aus Gründen des Klimaschutzes hat die Bundesregierung ein schrittweises Verbot bestimmter Elektroheizungen beschlossen. Schließlich ist es für das Klima egal, ob das CO_2 bei Herrn Winkelmann zu Hause entsteht oder in einem Kohlekraftwerk.

Darauf angesprochen, erwidert eine freundliche Dame am Servicetelefon des Wibo-Werks: »Es gibt doch heute Biostrom, das kann jeder selbst wählen.« Zwar stimmt es, dass man mit einem Anbieterwechsel seine strombedingten CO_2-Emissionen um zwei Drittel und mehr senken kann. Wie ernst es der Hamburger Firma aber mit diesem Hinweis ist, zeigt ein Blick auf deren Internetseite.

»10 Gründe für das Heizen mit Strom« sind dort aufgeführt, zum Beispiel: »Sie haben beim Heizen ein Bewusstsein für die Umwelt. Denn mit Strom nutzen Sie die hohen technischen Wirkungsgrade von modernen, staatlich streng kontrollierten Kraftwerken.« Das ist ziemlicher Humbug, denn für Wirkungsgrade gibt es in Deutschland – leider – keine staatlichen Vorschriften. Lediglich für den Ausstoß von Schadstoffen wie Feinstaub oder Quecksilber existieren Grenzwerte. Ein Hinweis auf Ökostrom ist auf der Wibo-Website denn auch nirgends zu finden. Im Übrigen wäre es immer noch pure Verschwendung, wertvollen Ökostrom einfach zu verheizen.

Das Verbot der Bundesregierung werde sich nur auf Nachtspeicherheizungen beziehen, sagt die Dame am Wibo-Service-Telefon noch. Ist das vielleicht ein Grund, warum die Firma schon mal verstärkt ihre Kamin-Imitate anpreist?

| FORSCHUNG | KONSUM | LUFTFAHRT | MEDIEN |

X-Leasing

Grünes Gewissen zum Schnäppchenpreis

✱ Für mich wachsen 2.958 m² Wald

Etwas Großartiges hat sich die Münchner Firma X-Leasing ausgedacht: »CO_2-neutrales« Autoleasing. Gegen Aufpreis, so das Versprechen, werde alles während der Vertragslaufzeit anfallende Kohlendioxid durch neu gepflanzte Wälder »kompensiert«. Auf der zugehörigen Website verwandeln sich sieben Autos in wunderschön grüne Wälder – leider funktioniert das nur in Internet-Grafiken. Und bis auf einen Mini Cooper sind alle dort präsentierten Fahrzeuge echte Klimakiller wie der Porsche Cayenne (Spritverbrauch: ca. 15 l/100 km, Kohlendioxidausstoß: ca. 350 g/km).

| INDUSTRIE | POLITIK | AUTOS | ENERGIE |

Die Firma könnte den Kunden natürlich auch raten, kleinere Wagen zu wählen oder generell weniger Auto zu fahren, wenn sie etwas fürs Klima tun möchten. Doch X-Leasing kennt den »Mythos Auto« und seine Bedeutung als »Ausdrucksmittel für Individualität, Status und Lebensfreude«, wie es auf der Homepage heißt. Und man möchte eine »optimale Dienstleistung für alle Belange rund ums Auto« anbieten – wozu in Zeiten des Klimawandels halt auch die Beruhigung eines eventuell schlechten Gewissens gehört. Für drei Jahre Porsche-Cayenne-Fahren kostet dies exakt 227,52 Euro. Ein echtes Schnäppchen.

Bei ihrem Angebot kooperiert X-Leasing mit dem gemeinnützigen Verein PrimaKlima-weltweit e.V. aus Düsseldorf. Dieser unterstützt seit mehr als zehn Jahren Aufforstungsprojekte; das Geld dafür kommt von Menschen oder Unternehmen, die mittels neuer Wälder ihren eigenen Kohlendioxidausstoß wiedergutmachen wollen. Nun ist es ohne Frage eine feine Sache, Bäume zu pflanzen. Das Prinzip »Klimaneutralität« aber – seinen eigenen Treibhausgasausstoß an anderer Stelle einsparen zu lassen – wird von vielen Umweltschützern als Ablasshandel kritisiert: Menschen, die es sich leisten können, kauften sich damit von Verhaltensänderungen frei; und langfristig könne es gar nicht funktionieren, wenn alle Welt nur versuche, woanders die CO_2-Emissionen zu senken.

Besonders umstritten ist der Ansatz von Anbietern wie PrimaKlima-weltweit, Wälder als Mittel der Klimakompensation anzubieten. Umweltorganisationen wie der WWF lehnen dies explizit ab. Denn es ist praktisch unmöglich, das von Bäumen im Laufe ihres Lebens gebundene Kohlendioxid präzise zu beziffern. Zudem gibt es Aufforstungsprojekte in der Dritten Welt, bei denen die örtliche Bevölkerung von angestammtem Land vertrieben wird – das zumindest will PrimaKlima-weltweit durch strenge Vorgaben an die Projektpartner ausschließen. Aber wer garantiert, dass die neuen Wälder nicht irgendwann abbrennen? Und wofür wird später einmal das herangewachsene Holz genutzt? Bleibt das darin gebundene Kohlendioxid wirklich dauerhaft der Atmosphäre entzogen? Viel sicherer jedenfalls ist es, Benzin gar nicht erst zu verbrennen, als das dabei frei gewordene Treibhausgas mit unsicheren Mitteln wieder einzufangen.

Wer das Angebot von X-Leasing genau liest, stößt auf einen prinzipiellen Haken der Kompensation durch Aufforstung – die Ungleichzeitigkeit:

> 1 Hektar Wald bindet während seines Wachstums (linearisiert betrachtet) in jeweils 10 Jahren 100 t CO_2 (Faustregel).

Nur »linearisiert betrachtet« bindet der Wald eine (per »Faustregel«) bezifferte CO_2-Menge. Im realen Zeitverlauf sieht die Sache anders aus: Neu gepflanzte Bäume entziehen der Atmosphäre während der ersten Jahre kaum Kohlendioxid, im Gegenteil. Vor allem in jungen Jahren, haben Studien ergeben, setzen sie bei der Aufnahme von Nährstoffen an den Wurzeln oft mehr von dem Klimakiller frei, als sie binden. **Es dauert deshalb viele Jahre oder gar Jahrzehnte, bis neu gepflanzte Bäume die versprochene Menge Kohlendioxid aus der Atmosphäre gefiltert haben** – der Porsche-Fahrer aber, der dafür zahlt und sein Zwei-Tonnen-

Ungetüm vielleicht dann guten Gewissens und noch öfter fährt, stößt das Klimagift schon heute aus. Den paradoxen Effekt von Waldprojekten hat die britische Umweltgruppe *Carbon Trade Watch* in einer kritischen Broschüre beschrieben: Wenn ein Kunde Jahr für Jahr in derartige »Klimakompensation« investiert, statt sofort CO_2 einzusparen, türmt er eine immer größer werdende Bugwelle vor sich auf – weil Jahr für Jahr netto erst mal Treibhausgase frei werden.

> www.carbontradewatch.org/pubs/carbon_neutral_myth.pdf; die erwähnte Rechnung findet sich dort auf S. 63 ff. – Das X-Leasing-Modell kalkuliert großzügiger und lässt das Sechsfache des vom Fahrzeug emittierten CO_2 kompensieren; für mindestens zehn Jahre gibt es aber auch dort eine »Bugwelle«.

Bei Konsumenten und Werbeleuten sind Waldprojekte wie die von PrimaKlima-weltweit trotzdem populär. Denn es ist so unheimlich einleuchtend, ein paar Bäume zu pflanzen. Nach Angaben von X-Leasing greifen schon etwa 20 Prozent der Kunden zu dem »grünen« Angebot. Fürs Klima allerdings ist die Tücke der Ungleichzeitigkeit alles andere als egal. Experten warnen nämlich davor, dass die Erderwärmung in den nächsten Jahren einen Punkt erreichen könnte, an dem sie unumkehrbar wird. Als solcher »tipping point« gilt etwa das Tauen des sibirischen Permafrostbodens. Sind diese »Kippschalter« erst einmal umgelegt, würden die Folgen des Klimawandels wohl vollends unbeherrschbar. Die Erdtemperatur könnte dann sprunghaft steigen, und die mit dem Geld von Porsche-Fahrern gepflanzten Wälder würden vermutlich eingehen. Das ist dann aber auch egal.

Dank

Den Blog www.klima-luegendetektor.de und damit auch dieses Buch gäbe es nicht, wenn nicht unzählige Menschen mit sachdienlichen Hinweisen oder als geduldige Interviewpartner immer wieder helfen würden – JournalistInnen, WissenschaftlerInnen, CampaignerInnen von Umweltorganisationen, PressesprecherInnen und die vielen tausend Leserinnen und Leser im Internet.

Ohne Jochen Schildt und das *greenpeace magazin* hätte ich mich vermutlich nie an das Projekt gewagt. Besonders danke ich Wolfgang Hassenstein, von dem einige Texte stammen, ebenso wie Kerstin Eitner und Christoph M. Schwarzer.

Ohne Nick Reimer, unser gemeinsames Buch *Wir Klimaretter* und das Internetmagazin www.wir-klimaretter.de wäre ich nie so schnell und so tief eingetaucht in Klimawissenschaft und -politik – und hätte mich sicherlich auch viel weniger geärgert über die täglichen Grünfärbereien von Unternehmen, Lobbyisten und Politikern.

Von Stefan Niggemeier und Christoph Schultheiß (*BILDblog. de*) kamen große Inspiration und kleine Hilfen. Konstanze Staud gab meinem Blog sein Aussehen, die selbstlose Opensource-Community von WordPress die Software. Danke an Lutz Dursthoff und *Kiepenheuer & Witsch,* die sofort begeistert waren von der Buchidee. Und an Barbara Wenner, eine Agentin, wie ich sie jedem Autoren wünsche.

Danke an Bine – sie weiß am besten, wofür.

Toralf Staud   Berlin, Februar 2009

Zum Weiterlesen

Weitere aktuelle Fälle von Grünfärberei gibt es laufend auf www.klima-luegendetektor.de

Bücher

Bradford Rohmer: Greenwash Confronted. Brüssel 2007 – im Internet: www.foeeurope.org/corporates/pdf/greenwash_confronted.pdf

John Stauber/Sheldon Rampton: Giftmüll macht schlank. Medienprofis, Spin Doctors, PR-Wizards. Die Wahrheit über die Public-Relations-Industrie. Freiburg 2006

Caroline Lubbers (Hrsg.): Battling Big Business. Countering Greenwash, Infiltration and Other Forms of Corporate Bullying. Foxhole 2002

Jed Greer/Kenny Bruno: Greenwash. The Reality Behind Corporate Environmentalism. New York/Penang 1996

Organisationen

LobbyControl klärt auf, wie Firmen in Deutschland versuchen, Politik in ihrem Sinne zu beeinflussen (www.lobbycontrol.de), jüngst ist der »Lobby Planet Berlin« erschienen, ein »Stadtführer durch den Berliner Lobbydschungel«.

Das *Center for Media and Democracy* gibt die Vierteljahreszeitschrift *PR Watch* heraus (www.prwatch.org) und betreibt www.sourcewatch.org, eine Art Wikipedia über »die Namen hinter den Nachrichten«.

www.corpwatch.org aus Kalifornien berichtet über Fälle von Menschenrechtsverletzungen, Umweltzerstörung und Korruption durch Unternehmen. In London arbeitet eine ähnliche Gruppe: www.corporatewatch.org.uk

Das *Corporate Europe Observatory* mit Sitz in Amsterdam deckt europäische Fälle von Lobbyistenmacht und Grünfärberei auf – www.corporateeurope.org

Register

A
Aachener Zeitung 196
ADAC 182
Agro-Ethanol 22, 39
Agro-Kraftstoff 38 ff., 74, 141
Airbus 27 f., 173
Allianz 250
Amnesty International 74
ARD 43, 144
Atomkraft 16, 46, 56 f., 113, 115, 119 ff., 124–127, 158 f.
Audi 16, 31–37, 100 f., 145 f., 255 ff.
AutoBild 167, 182
AVIA 38–41

B
Bayerischer Rundfunk 42
BDEW 47, 56, 226
Bentley 50–53
Bernays, Edward 11
Bernotat, Wulf 54
BHKW (Blockheizkraftwerke) 40, 215, 217
Bild 54–57, 59 f., 100, 119, 153, 157, 190, 255
Biogas 48, 125, 159
Birnbaum, Leonhard 195
BKW 62 f.
BMW 17, 66 ff., 78, 100 f., 177, 255, 257
BP 70 f., 73–79, 199

Braunkohle 57, 82 f., 92, 109 f., 252
Brown, Lester R. 199
BtL (»Biomass to Liquid«) 40, 52, 201
BUND 32, 48, 90, 99, 191
Bundesanstalt für Geowissenschaften 83
Burson-Marsteller 18

C
CCS (»Carbon Capture and Storage«) 63, 87, 90, 92, 202, 244–248
CDU 56, 100 f., 115, 145, 147, 162, 189 f., 226, 246, 255
Center for Media and Democracy 199, 250, 271
Chevron 199
Cicero 70
Citroën 167
»CO_2-frei« 130 f., 158, 262
CSU 97, 100, 147, 159, 190
CtL (»Coal to Liquid«) 202 ff.

D
Daimler 17, 75 f., 108 f., 110
DAT (Deutsche Automobil-Treuhand) 256
Debriv 83, 91 f.
Der Spiegel 12, 90, 93, 179, 183, 210 f., 214
Deutscher Werberat 22

Deutsches Ärzteblatt 181
Deutsches Atomforum 119, 124 f., 127 f.
Die Welt 110
Die Zeit 71, 81, 90, 92, 103, 106, 120 f., 134, 192
Dow Chemical 199
DuPont 199

E
e7 193
EasyJet 21
Ecologist 19
Edelman 16
EEG – Erneuerbare-Energien-Gesetz 126, 130, 214, 253
Emissionshandel 18, 210–214, 251
Ems-Zeitung 62
EnBW 123, 129 ff., 242
Erdmann, Georg 86 f.
Eurosolar 159
EWE 243
ExxonMobil 199

F
FAZ 113
FDP 100
Feist, Michael 47
Fiat 167
Financial Times 56, 71, 123, 128
Focus 60, 167, 207
Ford 140 ff., 199, 257
Friedrich, Hans-Peter 98–101
Frondel, Manuel 60

G
Gabriel, Sigmar 40, 114, 147
General Motors 14, 199
German Times 129, 242
Getty Images 17
Global Climate Coalition 199
Glos, Michael 87, 97, 153 ff., 190
Gore, Al 16, 34–37
Grant, John 19 f.
Greenpeace 11, 14, 44, 113 f., 117 f., 158 f., 216, 252 f.
Greenpeace Energy 109, 130
greenpeace magazin 19, 167, 260
Großmann, Jürgen 54, 56 f., 107, 190
Grundy, Marc 16
GVSt 218, 221

H
Hamm, Rüdiger 95
Handelsblatt 113
Hayward, Tony 70
Hill & Knowlton 17 f.
Hoechst 199
Hohlefelder, Walter 119
Huber, Erwin 159
Hybrid-Autos 32, 167

I
IFEU 75, 234
Informationskreis Kernenergie 123
IPCC 16, 29, 78, 219–223, 239
IPPNW 158

J
Jatropha 74 f.
Josefsson, Lars Göran 18
journalist 15

K
Kauder, Volker 161 ff., 254
Klimakompensation 237, 239
Kohlekraftwerke 12, 40, 46–49, 56 f., 62 f., 83, 90 ff., 109, 111, 114, 116 f., 134, 159, 190 f., 202, 210, 212, 228, 245 f., 251, 262 f.
Kohler, Stephan 118
Kohlevergasung und -verflüssigung 202 f.
Kraftfahrtbundesamt (KBA) 36, 256 f.
Kuhnt, Dietmar 61
KWK (Kraft-Wärme-Kopplung) 40, 109, 113

L
Les Echos 121
Lexus 22 f., 166 f.
Lidl 168 f.
Lobbycontrol 173, 176
Lufthansa 28, 172–176

M
Maaßen, Uwe 96
Mayrhuber, Wolfgang 172
McKinsey 195
Mercedes Benz 105, 108, 167, 256 f.
Merkel, Angela 12, 15, 18, 190
Mez, Lutz 120 f.
Mini 178, 264
Müller, Michael 126

N
Nature 218
Neue Zürcher Zeitung 89
Neuß-Grevenbroicher Zeitung 95

O
OECD 39
Oekopol 105
Öko-Institut 124, 158
Ökostrom 109, 130, 227 f., 253, 263
Opel 143, 257

P
Palmöl 215 f.
Peugeot 167
Potsdam-Institut für Klimafolgenforschung 218
PR Report 18
Prognos 96, 115

R
Rahmstorf, Stefan 220 f., 223
Rampton, Sheldon 18
RECS 227 f.
Renault 167
Reuters 153
Rüttgers, Jürgen 189
RWE 10, 25, 46 ff., 54 ff., 61, 82, 87, 107–115, 118, 130, 154, 158, 183–193, 195 ff., 212, 246
RWI 60 f.

S
Saab 22, 142
Sandoz 14
Santen, Oliver 57, 61
Schäfer, Jan W. 57
Science 88, 218
Seehofer, Horst 97
Shell 11, 14, 199–204
Sinn, Hans-Werner 210
Smart 105–110, 257
Socolow, Robert 90, 92
Solarworld 200
Soline 248
Sonne, Werner 144
Sony 205f.
Stadler, Rupert 31
Stadtwerke Uelzen 215ff.
Stauber, John 18
Steinkohle 218f., 221ff.
Stern 153
»Stromlücke« 46
Süddeutsche Zeitung 173, 192
Swift, Rebecca 17

T
taz 83
Teldafax 227f.
Tesla Motors 178
Tetra Pak 205, 231–234
Texaco 188
Toyota 22, 167, 182
Transport & Environment 29, 66
Troge, Andreas 56, 226
Tyndall Centre for Climate Change Research 29

U
Umweltbundesamt 29, 49, 56, 82, 100, 109, 113, 117, 125, 134, 142, 150, 226, 233f., 239
Utopia.de 13

V
Vattenfall 15, 18, 46, 48, 77, 82, 118, 130, 158, 212, 244–247, 250–253
VCD 28, 147, 163
VDA 98, 107, 143, 255ff.
Volvo 142
VW 17, 163, 182, 259f.
vzbv (Bundesverband der Verbraucherzentralen) 22f.

W
Waldermann, Anselm 210
Wasserkraft 48, 130f., 159, 215
Wasserstoff 66f., 71
WBGU 40, 141
Wellmer, Friedrich-Wilhelm 83
WHO 182
Wibo-Werk 262f.
Wiedeking, Wendelin 177f.
Wiegandt, Klaus 13f.
Windkraft 67, 70f., 118, 126, 209, 213
Winterkorn, Martin 31
Wir-Klimaretter.de 19, 49, 114, 246
Wissmann, Matthias 107
Worst EU Lobbying Award 123
WoZ 75
Wuppertal-Institut 247
WWF 80, 82, 205, 216, 265

X
X-Leasing 264

Z
Zentrale zur Bekämpfung unlauteren Wettbewerbs 23
Zetsche, Dieter 107